Célestin Bouglé

Leçons de sociologie sur l'évolution des valeurs

essai

ISBN : 978-1514250723

10 9 8 7 6 5 4 3 2 1

Célestin Bouglé

Leçons de sociologie sur l'évolution des valeurs

essai

Table de Matières

Avant-propos

Depuis la perte irréparable qu'ont éprouvée l'Université française et les sciences sociales, – depuis la mort d'Émile Durkheim, – j'ai eu l'occasion de faire à la Sorbonne, à diverses reprises, des cours élémentaires de sociologie générale, pour un public où se mêlaient les futurs maîtres de l'enseignement secondaire et les futurs maîtres de l'enseignement primaire.

Ces sortes de cours ne peuvent guère être que des revues un peu rapides. On vole de sommet en sommet, sans avoir le temps de descendre au détail. On suggère plutôt qu'on ne démontre. On pose plus de problèmes qu'on n'en résout.

Tels quels, il m'a semblé que les résumés de ces cours pouvaient composer un livre actuellement utile. Aujourd'hui, plus que jamais – dans le désarroi intellectuel et moral qui suit la guerre – les esprits sont nombreux que la sociologie attire. Ils trouveront dans ce livre, ordonnées autour de quelques thèses centrales, un certain nombre d'informations touchant les origines ou l'évolution de la religion et de la morale, de la science et de l'art. À méditer les conclusions qui se dégagent de ces informations mêmes, ils vérifieront que le « matérialisme » ou même le « scientisme » ne sont nullement le dernier mot de la sociologie : bien plutôt, nous fournit-elle de nouvelles raisons de respecter les diverses formes de l'idéal que les sociétés ont pour principal office de faire vivre.

Tous les livres qui touchent de près ou de loin à cette « philosophie des valeurs », je n'ai pas cru nécessaire de les citer ici. Ils sont dès à présent nombreux. Et beaucoup d'entre eux, consacrés à des distinctions et classifications abstraites, m'ont paru peu utilisables, au moins pour l'enseignement. Je me suis contenté de signaler au début des chapitres, pour permettre de vérifier ou de développer les idées qui y sont proposées à l'examen, les travaux les plus accessibles : comme il convient dans un livre qui veut être avant tout un livre d'initiation.

Célestin Bouglé

Célestin Bouglé

Chapitre I
Le monde des valeurs [1]

Le rôle de la philosophie des valeurs Les diverses espèces de valeurs. La valeur est une catégorie universelle capable des applications les plus variées. Table des valeurs et hiérarchie des sentiments. Jugements de réalité et jugements de valeur. En quel sens ceux-ci sont subjectifs. De quelle sorte d'objectivité ils jouissent. Ils traduisent à leur manière des aspirations sociales qui s'imposent.

Le besoin de renouvellement, de régénération, de purification qu'ont éprouvé beaucoup de combattants de la grande guerre, quelques-uns, ceux qui se souvenaient de leur culture philosophique, l'ont parfois exprimé en disant : « Il nous faut une révision des valeurs. »

L'expression était en train, avant la guerre déjà, de conquérir son droit de cité philosophique. La *philosophie des valeurs* devenait à la mode.

Pour beaucoup d'esprits, à vrai dire, valeur reste un terme de financier et d'économiste. Les valeurs, les titres qui dorment dans les portefeuilles ou les coffres-forts, sont de la richesse en puissance. Ils représentent du charbon et du blé, des wagons et des bateaux, et par-dessus tout ce que Pierre Hamp appelle la peine des hommes. Qui détient ces morceaux de papier détient aussi la possibilité d'acheter, de vendre, de spéculer. Il peut se procurer les satisfactions les plus variées. Et l'expression générale de valeur traduit l'indétermination même de ces perspectives.

Le financier manie les valeurs. L'économiste étudie la valeur. L'un de ses problèmes préférés, c'est d'expliquer comment s'établit un

1 RIBOT : *La Logique des Sentiments* (Paris, F. Alcan, 5ᵉ Éd. 1920) fournit, au chapitre II, des indications très suffisantes sur les livres qui traitent de la philosophie des valeurs. Un article capital de DURKHEIM a été publié depuis : *Les Jugements de valeur et les Jugements de réalité,* dans la *Revue de métaphysique et de morale,* de 1911. Le même numéro contient un article de LALANDE, sur *Le Parallélisme formel des Sciences normatives,* utilisable pour le même sujet.
Sur le rapport entre jugements de valeur et jugements de réalité, les livres les plus clairs sont encore ceux de HÖFFDING : *La Pensée humaine* et de BALDWIN *La Pensée et les Choses* (Paris, Doin, 1908) ; *Théorie génétique de la réalité ; Le Pancalisme* (Paris, F. Alcan, 1918).

prix sur un marché. Pour résoudre ce problème, il importe qu'il puisse définir les formes et l'essence de la valeur des choses. Il distingue donc valeur d'usage et valeur d'échange. Il discerne ce qui est dû, dans la constitution de la valeur, à la matière première, au travail humain, au rapport de l'offre et de la demande.

Mais, si instructives que puissent être toutes ces études, elles n'épuisent pas le sujet. La valeur peut être entendue en des sens tout à fait différents. « La valeur n'attend pas le nombre des années. » Ce seul vers nous emporte, comme d'un coup d'aile, vers un idéal nouveau. Bien avant Corneille, d'ailleurs, dans la *Chanson de Roland,* on trouve déjà : « Itel valor deit avoir chevalier. » La valeur est comme identifiée avec l'idéal de la chevalerie. Elle suppose non seulement la puissance de l'action, mais la pureté de l'intention, la générosité du cœur, la capacité du sacrifice. Nous sommes ici aux antipodes du monde économique. Qui possède la valeur possède, non plus la capacité de vendre ou d'acheter, mais celle de donner ce qui ne se vend ni ne s'achète : de se donner. La valeur est au maximum lorsque celui qui la déploie s'ensevelit en elle, comme un soldat qui tomberait dans les plis de son drapeau. Et c'est pourquoi, sans doute, la forme militaire du courage, qui implique le risque suprême, semble parfois constituer la valeur morale par excellence.

Mais d'autres vertus peuvent également prétendre au titre de valeurs. Il y a longtemps que Rollin remarquait doucement : « Nos magistrats ont montré en plus d'une occasion la vérité de ce que Cicéron dit dans ses *Offices,* qu'il y a une valeur domestique et privée, qui n'est pas moindre que la valeur militaire. »

Saint-Simon, plus tard, – le Saint-Simon prophète de l'industrialisme, – formulera une réclamation du même genre. Pour les peuples qui ont ses préférences, pour ceux qui accroissent le pouvoir de l'humanité sur la nature et préparent l'exploitation rationnelle du globe, il revendique, contre Rousseau, une valeur morale qui n'est pas à dédaigner. Les nations « industrielles » se montrent aussi soucieuses et aussi capables que les autres de défendre leur indépendance : elles édifient des civilisations dont les piliers sont autant de vertus.

De nos jours l'expression est reprise pour être plus nettement opposée aux valeurs de type économique. On aime à saluer comme une valeur supérieure ce qui n'est pas matériel, ce qui dépasse le niveau des besoins physiques, ce qui sort du cercle des besognes mécaniques. Dans ce joli livre de pédagogie concrète et vivante qu'on a traduit en français sous le titre : Vers *l'École de demain,* Angelo Patri expose les moyens qu'il emploie pour réveiller, dans un quartier de New-York, où toutes sortes de races sont accourues pour être malaxées par la grande industrie, le sens des valeurs. Il invite les enfants à demander à leurs parents de les aider à reconstituer les légendes, les poésies, les chansons populaires dont les ancêtres ont été bercés en Europe. Ainsi, pense-t-il, « parents et enfants se trouvaient associés pour se faire le don mutuel des valeurs humaines ». Que veut-il dire ? Que ces immigrants ou fils d'immigrants, en remontant à la source de leurs poésies nationales, se rafraîchissent l'âme. Ils s'élèvent au-dessus d'une réalité morne. Ils retrouvent le chemin du rêve et de l'espérance. N'est-ce pas là, même pour des esprits plus cultivés, l'une des fonctions de l'art ? Le commerce des grands écrivains permet de multiplier, comme disait Taine, « ces quarts d'heure où l'on n'est pas tout à fait une brute ».

Mais ce que nous disons de l'art, ne faudrait-il pas le répéter d'une puissance plus prenante encore, plus enveloppante ? S'il s'agit de se libérer de ce bas monde, de s'alléger, de se « dématérialiser », les croyances religieuses ne nous offrent-elles pas, traditionnellement, un incomparable secours ? Et c'est pourquoi, sans doute, le philosophe danois Höffding, dans son livre sur la *Religion,* nous propose d'y voir par-dessus tout la « gardienne des valeurs ».

Ces exemples suffisent. Ces diverses tentatives pour spécifier le sens des valeurs nous inclinent d'elles-mêmes à une généralisation. La valeur trouve sa place dans la sphère de l'économie politique, dans celle de la morale, de l'art, de la religion. Dans aucune de ces sphères, elle n'est prisonnière. C'est, à vrai dire, une catégorie universelle capable des applications les plus variées. On peut porter des jugements de valeur sur un meuble comme sur un geste, sur un rite comme sur un poème.

Et c'est pourquoi nous disons qu'il existe un monde des valeurs. Esthétiques ou morales, religieuses ou économiques, elles sollicitent les unes comme les autres notre attention, quêtent nos sympathies, exigent nos efforts. Entre leurs prétentions variées il peut y avoir harmonie. Il peut aussi y avoir concurrence.

D'où la nécessité, dans ce monde-là aussi, d'introduire un principe de classement, d'ordre, de hiérarchie. C'est précisément l'une des fonctions, et non des moindres, de la réflexion philosophique. Elle n'a pas seulement à nous expliquer la réalité : elle a à ordonner nos préférences. Elle a à dresser une table des valeurs.

La table des valeurs : il va de soi que ce ne sont pas seulement les professionnels de la philosophie proprement dite qui travaillent autour d'elle. Quiconque propose à l'humanité un système de pensées tend aussi à agir sur l'ordre de nos préférences. Nietzsche veut réviser le système des valeurs en prêchant l'Évangile de la dureté aristocratique. Mais avant lui Rousseau tentait une révolution du même ordre en prêchant l'Évangile de la fraternité plébéienne. Il y a une table de valeurs pour Rabelais, qui aime la nature, et une autre table pour Pascal, que la nature alarme et dégoûte. Un Proudhon, toujours soucieux de liberté, ne hiérarchise pas les valeurs morales de la même façon qu'un Auguste Comte, toujours préoccupé de restaurer l'autorité.

Ce que nous disons des écrivains, il faudrait le répéter d'ailleurs de tous les grands artistes. Avant la guerre, pour réveiller dans son pays, si apte à la discipline mécanique, le sens et le goût de la culture indépendante, un Allemand avait imaginé de proposer « Rembrandt comme éducateur ». Et l'on sait assez quelles leçons d'héroïsme intérieur, de résignation personnelle et d'enthousiasme collectif des processions d'âmes viennent puiser aux symphonies de Beethoven. Toute grande œuvre, quelle qu'elle soit, travaille pour ou contre une certaine hiérarchie de sentiments. Lorsqu'elles s'efforcent, par leurs travaux conjugués, de reconstituer l'histoire de l'esprit humain, nos Facultés des lettres ont aussi pour mission de faire défiler, devant les jeunes âmes qui cherchent une orientation, la série des tables des valeurs qui furent dressées sur les sommets.

On comprend peut-être plus clairement désormais ce que voulaient dire les revenants de la guerre lorsqu'ils répétaient : « Il nous faut une révision des valeurs. » Ils entendaient que certaines choses et certaines gens, telles manières d'être, d'agir, de penser, devaient être, après l'expérience de la guerre, ou plus estimées, ou

Célestin Bouglé

moins estimées qu'elles ne l'étaient avant.

Et on eût voulu, à vrai dire, que, sur l'ordre des préférences à changer, leur sentiment fût unanime. On eût souhaité que, du fond des tranchées, comme du sein de la patrie déchirée, montât un unique chœur, qui nous eût dicté notre devoir. En réalité, les discordances ont vite éclaté. De l'expérience de la guerre, tels combattants reviennent avec la foi démocratique plus que jamais chevillée dans l'âme ; ils croient la démocratie seule capable de libérer les peuples et d'assurer la paix. D'autres proclament, au contraire la nécessité de restaurer le principe d'autorité pour resserrer l'unité nationale. « La grande crise a révélé une fois de plus, disent les uns, non pas seulement la légitimité, mais la nécessité du sentiment religieux. » Et d'autres : « L'enseignement laïque, sur les champs de bataille, a fait ses preuves. Il s'est montré aussi capable qu'aucun autre d'engendrer l'esprit de sacrifice. » Enfin, au moment même où beaucoup demandent que, dans toute l'organisation nouvelle, le souci de la grande production prime tout, d'autres font observer que c'est surtout par la culture intellectuelle, et principalement par la culture classique, que la France peut et doit primer.

Discordances sans doute inévitables, et après tout fécondes peut-être ? Elles révèlent, en tout cas, une conviction unanime. Si l'on veut renouveler à fond les institutions, il convient d'agir préalablement sur la hiérarchie des sentiments. Le monde des valeurs est comme l'invisible chantier où se préparent les changements de décor du monde visible.

À ceux qui veulent, ainsi agir sur le monde des valeurs il ne serait peut-être pas inutile de rappeler comment il se constitue et comment il évolue, comment les éléments qui le composent se dissocient et comment ils se combinent. La sociologie, en ces matières, aurait peut-être quelques indications utiles à soumettre aux éducateurs.

*

**

La nature propre des jugements de valeur, c'est ce qu'il conviendrait de déterminer d'abord.

Dans toute conversation en général, et à plus forte raison dans les discours que nous tenons aux enfants, se mêlent intimement

Jugements de valeur et jugements de réalité.

Cette distinction, aujourd'hui familière aux logiciens, il est bon que les éducateurs la méditent : elle est grosse de conséquences.

« Cette table est rectangulaire. » – « Le menuisier fait, trois tables par jour. » – « Le fer soumis à la chaleur se dilate. » Voilà des jugements de réalité. Ils rapportent certaines propriétés à des êtres ou à des choses, abstraction faite de nos désirs, de nos répugnances ou de nos sympathies : ils veulent être *objectifs*.

Mais si je dis « cette table est commode, ou belle », « cet ouvrier est consciencieux », « l'or est plus précieux que le fer », est-ce que je me contente d'affirmer l'existence de certaines propriétés objectives ? Le sentiment ici entre en ligne de compte. Je n'en pourrais faire abstraction. Car les jugements en question sont appréciatifs. Ils perdraient tout sens s'ils n'escomptaient le désir ou l'aversion, les sympathies ou les répugnances, que telle chose, tel être, tel acte inspirent aux hommes. Ils n'expriment pas purement et simplement les propriétés d'un objet, mais, en face de ces propriétés, les dispositions d'un sujet : ils sont subjectifs.

« Il faut se représenter la valeur, dit M. Charles Gide dans son Cours d'économie politique, comme un éclairage des choses sous le rayon projeté par notre désir. » Ce que dit l'économiste, le moraliste pourrait le répéter, et l'historien de l'art, et l'historien des religions. Ils ont affaire les uns et les autres à des valeurs, d'espèces d'ailleurs différentes : elles ont toutes ce trait commun, de traduire des états d'esprit, non des réalités extérieures comme celles qu'étudient le physicien, le chimiste, le biologiste.

On nous fera remarquer – la philosophie « critique » a insisté à satiété sur cette remarque – que les réalités extérieures elles-mêmes n'ont d'existence que pour des esprits. Qu'est-ce que la lumière du soleil, dira-t-on, sans des yeux pour la saisir ? Qu'est-ce que la loi de la gravitation sans une pensée pour la comprendre ?

Soit. Ne rouvrons pas ici ce vieux débat. Accordons aux idéalistes que tout jugement, même de réalité, est subjectif en ce sens qu'il traduit d'abord la nature de l'esprit. On nous accordera en revanche que les jugements de valeur sont subjectifs à la deuxième puissance, puisqu'ils traduisent non pas seulement la nature de l'esprit, mais les tendances des sensibilités. Voudrait-on faire abstraction de

Célestin Bouglé

celles-ci : on éteindrait du coup toutes les valeurs du monde.

Il y a des maladies qui apportent à cette observation une sorte de confirmation expérimentale. M. Pierre Janet ou M. Georges Dumas étudient de pauvres gens qui ne trouvent plus aucun goût, aucun sens, aucun intérêt à la vie. La commodité d'un fauteuil aussi bien que la beauté d'une œuvre d'art, la noblesse d'un geste aussi bien que le rendement d'une entreprise, tout les laisse froids. Le monde est, à leurs yeux, comme décoloré. Toutes ses valeurs se fondent dans la nuit de l'indifférence.

Ceux qui ont longtemps vécu la vie des tranchées n'ont-ils pas senti qu'ils glissaient, à de certaines heures, vers cette singulière apathie ? « Quatre années durant, dit Gabriel Séailles, dans la belle brochure qu'il intitule : *Travaillons*, ils ont attendu, dans l'écoulement des heures mornes, la soupe, le pinard et la mort. » La guerre n'est pas seulement grande consommatrice de valeurs économiques : elle détruit nombre de valeurs morales. Il en est qu'elle fait briller au plus haut point : l'esprit de sacrifice, le sentiment de la solidarité, véritables fusées éclairantes des champs de bataille. Il en est d'autres qu'elle éteint. Depuis les habitudes de propreté ou d'économie jusqu'au respect de la propriété, combien de délicatesses ou de scrupules ne devenaient-ils pas étrangers au peuple farouche qui se sentait comme enlisé, peu à peu, dans une boue sanglante ?

Tant il est vrai que l'éclat des valeurs varie selon l'état de l'âme humaine, la tension de ses énergies, l'orientation de ses désirs, les perspectives qui lui sont ouvertes ou fermées.

*

**

Mais alors, dira-t-on, les valeurs sont choses toutes relatives ? Si elles traduisent avant tout un état de la sensibilité humaine, il y a entre les jugements qui les expriment et ceux que formule la science une distance infinie ? Un véritable abîme, en effet, pour certaines philosophies. Elles l'élargissent à plaisir. Elles répètent que les valeurs sont « d'un autre ordre » que les réalités saisies par la science. Entre ces deux mondes, la raison est impuissante à jeter des ponts. Il y faut des ailes. Il y faut des élans du cœur, et des intuitions qui remplacent les démonstrations.

Auquel cas ne risquons-nous pas d'être renvoyés en plein arbitraire ? Derrière le sentiment, comme l'indique Pascal lui-même, qui sait si ce n'est pas la fantaisie qui se cache ? Conclusions dangereuses peut-être pour notre enseignement. Nous l'éloignons de la vie, nous diminuons sa capacité d'action si nous en éliminons les jugements de valeur. Et si nous les y maintenons, nous faisons rentrer du même coup, au cœur de l'école, des « goûts » et des « couleurs » dont on ne discute pas.

Il faut donc y regarder à deux fois, avant d'accepter l'antithèse proposée. Entre valeurs et réalités la distance est-elle aussi grande qu'il le semble à la première réflexion ? Les valeurs, en un sens, ne seraient-elles pas elles-mêmes des réalités ? Il est possible peut-être de remonter la pente trop vite descendue.

*

**

Une première remarque s'impose. Chacun sait distinguer, plus ou moins nettement, entre les impressions de sa sensibilité personnelle et les jugements de valeur auxquels il se réfère.

Quand je dis : « L'or est plus précieux que le fer », « cet ouvrier est consciencieux », « cette table est belle ou commode », je ne prétends pas seulement exprimer l'impression que font sur moi choses ou êtres, une impression qui varierait comme mes besoins ou mon humeur. J'appuie mon jugement sur un certain nombre d'habitudes, sur un certain ensemble de règles, sur certaines formes d'idéal qui ne sont pas mon œuvre personnelle. Dans la société où je vis, je les constate : ce sont des faits. Les valeurs se posent devant moi comme des réalités données, comme des choses.

Comme des choses ? Paradoxe : une chose est ce que je vois, ce que je touche, ce qui m'est extérieur. Pas forcément. Selon la juste remarque de M. Fr. Simiand, il conviendrait plutôt de définir les choses : « Ce qui résiste à notre spontanéité personnelle », ce qui lui impose des limites et une orientation.

Or, n'est-ce pas le cas de la plupart des valeurs qui nous sont familières ? Chacun éprouve aujourd'hui combien il est difficile d'agir, même en se concertant, sur le mouvement des valeurs économiques : les « cours » sont des réalités terriblement résistantes. Mais un idéal moral est aussi une sorte de réalité qui pour se faire respecter, emploie bien des moyens divers : de la poigne des agents de la force publique au sourcil froncé du père de famille. Jusque dans l'ordre esthétique des admirations « s'imposent », et la lutte même que mènent les novateurs, pour faire accepter une formule nouvelle, est la preuve qu'en ces matières aussi il y a force de résistance, systèmes de pression, formes subtiles de contrainte.

Et c'est précisément pourquoi elle n'est pas si facile la tâche des iconoclastes, de ceux qui annoncent solennellement au monde qu'ils viennent, comme dit Nietzsche, briser la table des valeurs et renverser l'échelle des préférences. Ce sont réalités qui ne se laissent pas faire.

Qu'est-ce à dire, sinon que les jugements de valeur, bien loin de traduire mes seules préférences personnelles, traduisent des sortes de réalités qui s'imposent dans la société où je vis ? Mais, si elles s'imposent de cette manière, ne serait-ce pas parce qu'elles sont, en un sens, l'œuvre de cette même société dont elles sauvegardent la vie ?

On reconnaît, on retrouve ici la pensée maîtresse de l'œuvre sociologique d'Émile Durkheim. Ses derniers écrits sont pleins de cette idée : la société est essentiellement créatrice d'idéal. Par ses propriétés, par les forces propres qui se dégagent de la réunion des hommes, s'expliquent les caractères de ces grands aimants qu'on appelle les valeurs ni les propriétés des choses, ni les facultés des individus ne suffiraient à en rendre compte. Et, bref, les valeurs seraient *objectives* parce qu'*impératives* et impératives parce que *collectives*.

Il faut essayer de tirer au clair ces idées, en rappelant sous quelles influences s'opère la projection des valeurs.

Chapitre II
Valeurs et réalités [1]

Comment peut s'expliquer la « projection» des valeurs. Les valeurs sont des possibilités permanentes de satisfactions. Nous attribuons une valeur aux choses dans la mesure où nous sommes capables de nous représenter les efforts qu'elles ont coûtés, les services qu'elles peuvent rendre. Cette valeur s'accroît d'ailleurs si nous nous représentons l'effet que la chose peut produire sur nos semblables, collaborateurs ou concurrents. Le souvenir des coopérations passées, comme l'espérance des communions futures, facilite la projection des valeurs.

Mais si les jugements de valeurs sont impératifs, c'est en dernière analyse qu'ils sont collectifs. Comment se constitue et comment agit la conscience collective : lot commun d'idées, système de tendances et synthèse *sui generis*. La foule, l'armée, la nation. En quel sens la société est créatrice d'idéal. Les êtres sociaux ne tendent pas seulement à prolonger leur propre vie ; ils travaillent à rendre possible une vie supérieure. Les valeurs et la vie spirituelle.

Comment les valeurs deviennent-elles des réalités ? Comment ce qui vit en nous se projette-t-il hors de nous ? Il faut s'arrêter un peu sur ce problème. Les solutions cherchées nous permettront peut-être d'éclairer les rapports de la psychologie avec la sociologie, et de mesurer ce que celle-ci peut ajouter à celle-là.

Il n'y a de valeurs qu'en fonction des désirs. Ce n'est pas à dire que les valeurs ne soient qu'ombres dansantes sur le mur, formes indéfiniment variables comme nos désirs eux-mêmes. L'expression

---

1 Sur la « projection » des valeurs l'étude la plus poussée demeure celle de G. SIMMEL dans sa *Philosophie des Geldes* (Leipzig, Dunker, 1900). Une partie de ces chapitres a été traduite en français et publiée dans les *Mélanges de philosophie relativiste.*
C'est dans les *Formes élémentaires de la vie religieuse* (Paris, F. Alcan, 1912. Introduction et conclusion) que DURKHEIM explique sa théorie sur la société créatrice d'idéal. Pour les rapports entre conscience individuelle et conscience collective, voir le numéro du *Journal de psychologie* spécialement consacré à la psychologie sociale (avril 1920), et MC DOUGALL : *The group mind.* Cambridge 1920.

Célestin Bouglé

de *jugements de valeur* nous en avertit. Bien loin de laisser les goûts et les couleurs à l'arbitraire individuel, nous pensons pouvoir, en matière de valeur aussi, formuler des rapports constants. En même temps qu'*appréciatifs*, les jugements de valeur sont *attributifs* ; ce qui veut dire que nous assignons à un objet – idéal d'ailleurs ou matériel, peu importe pour l'instant – un prix indépendant de nos impressions du moment, capable d'opposer une résistance à notre spontanéité, de dominer nos préférences propres et ainsi de revêtir à nos yeux une sorte de réalité.

*
**

On comprendra aisément la possibilité de cette projection, si l'on se rappelle que l'homme n'est pas seulement sensibilité mais intelligence. Il n'est donc pas borné à l'instant. Il est capable d'une part de se souvenir, d'autre part de prévoir, enfin d'abstraire et de généraliser. D'où la capacité de détacher ses impressions de soi pour les attacher à des objets.

Ce qui se passe dans le monde des réalités sensibles nous aide petit-être à comprendre ici ce qui se passe dans le monde des valeurs. Je viens de percevoir, dans mon cabinet de travail, une table, des livres, un feu allumé, un tableau accroché à la muraille. Si je passe dans la pièce à côté, autant de sensations qui s'évanouissent, mais je puis les réveiller en repassant la porte. C'est pourquoi je les localise en des ensembles de propriétés dont je compose les objets. La réalité d'un objet, disait Stuart Mill, c'est qu'il constitue une possibilité permanente de sensations. Mais ce qui est vrai des sensations est vrai des satisfactions. À la table et aux livres, aux tableaux et au feu, j'attribuerai non seulement une existence, mais une valeur, si je me remémore et si j'escompte les jouissances diverses qu'ils m'ont procurées. Il va de soi que cette sorte de jugement convient à l'immatériel aussi bien qu'au matériel, aux idées comme aux choses, à une méthode de travail ou à une règle de conduite, à un rite ou à un principe. Où qu'elle se loge, une valeur est une *possibilité permanente de satisfactions*.

La projection à elle seule suppose, en effet, un certain nombre de facultés supérieures. Un monde des valeurs peut-il exister pour les animaux ? On a dès longtemps fait observer que le monde extérieur ne devait pas avoir pour eux, faute d'une raison capable d'ordonner le chaos des impressions sensibles, la même consistance logique que pour nous. À plus forte raison, doit-il leur être difficile de projeter des valeurs hors deux-mêmes. Il y a des animaux qui amassent des provisions : il est vraisemblable qu'ils apprécient les aliments qu'ils mettent de côté. Il y en a qui conservent des objets qui leur servent de jouets. Mais il n'y en a pas qui transforment les choses en outils. *Tool making,* c'est selon Franklin, le privilège de l'homme. L'animal n'a pu se hausser jusqu'à concevoir la valeur d'un intermédiaire comme le marteau ou le couteau.

Mais surtout, le langage manquant, il ne lui a pas été donné d'incorporer, dans les mots, des souvenirs, des promesses de satisfactions. Il peut se plier à des consignes : il ne formule pas des principes. Il demeure incapable de se passionner pour des abstractions. Et c'est peut-être en quoi consiste la plus grande originalité de l'être humain.

Des émotions qui ne sont pas liées à des impressions, voilà ce qui fait la richesse de notre vie sentimentale. Où l'excitant intérieur manque, l'imagination ressuscite le plaisir ou la peine. Mais il n'est pas besoin, pour qu'ils revivent, que soient évoqués un objet concret ou un être particulier. Qu'êtres ou objets demeurent dans le vague : sur la scène à peine éclairée que les formes se suivent et se chassent comme des fantômes, peu importe. La possibilité suffit à nous émouvoir. Et l'indétermination même des divers contenus possibles ne fait que rehausser le prix du cadre. Les sentiments « doublement représentatifs », comme dit Spencer, se multiplient chez l'homme au fur et à mesure qu'il devient plus capable d'abstraction.

Et c'est ainsi qu'il se bat pour toutes sortes de valeurs qui ne sont que des possibilités : pour la conquête de l'Or ou pour la conquête du Pouvoir ; pour la défense d'un Drapeau ou pour celle de la Liberté.

Possibilités, disons-nous. Et c'est bien sous cet angle, en effet, que l'homme apprécie les valeurs quand il se tourne vers l'avenir et se penche vers l'action. Mais gardons-nous de croire que le travail de l'intelligence opérant sur les émotions se borne à ouvrir ces perspectives. Le passé aussi l'attire. Et elle ne cesse pas d'y chercher des raisons d'apprécier les choses ou les idées. Par exemple, la considération de ce qu'un objet a coûté ou, comme on dit, de ce qu'il représente, accroît son prix à nos yeux. Karl Marx prétendait mesurer la valeur du produit par la quantité de travail humain qui s'y était incorporée. Théorie économiquement contestable, puisque des considérations fort différentes concourent à déterminer la formation des prix sur le marché. Mais, en matière de sentiment, il est vrai que nous cherchons à retenir, dans l'objet acquis, dans l'habitude contractée, dans la théorie élaborée, le souvenir de nos efforts. N'arrive-t-il pas, par exemple, que la principale raison de notre attachement à telle forme de culture soit dans la peine que son acquisition nous a coûtée ? Nous ne voulons pas que tant de peine soit perdue. La valeur se mesure non pas seulement aux produits escomptés, mais aux dépenses consenties.

Au surplus, pour que la valeur se pose devant nous et s'incarne, en quelque sorte, dans des choses ou des idées, des outils ou des formules, n'importe-t-il pas toujours, ainsi que le remarque G. Simmel, qu'elle soit comme séparée de nous-mêmes par une certaine distance ? Le moment même de la jouissance, écrit-il, dans lequel le sujet et l'objet effacent l'opposition qui subsistait en eux, absorbe en même temps la valeur : celle-ci ne reparaît qu'après s'être séparée du sujet et après s'être opposée à lui comme objet. Dans la jouissance, le sujet et l'objet se confondent et la valeur est comme absorbée. Elle reparaît, elle se dresse devant nous, dès que se fait sentir la difficulté d'acquérir, la crainte de perdre, la nécessité de lutter pour conserver. L'effort que nous coûtent les choses nous donne l'idée d'une sorte de résistance de leur part. Et, dans le monde des valeurs comme dans le monde des réalités, le sentiment de la résistance éprouvée nous pousse à extérioriser nos représentations. Moins la possession est facile, et plus la valeur prend de relief.

Par où l'on voit que l'intelligence use de plus d'un procédé pour déborder le cercle de l'impression momentanée : tantôt escomptant les avantages, tantôt se remémorant les dépenses, tantôt mesurant les résistances, elle tend, par le travail multiforme de la réflexion sur les sentiments, à projeter les valeurs hors de nous.

*

Chapitre II

**

Nous venons de raisonner en tout ceci comme si l'homme était seul au monde. Les économistes évoquant Robinson dans son île, les moralistes se penchant sur le puits intérieur et rattachant toute la vie morale à la réaction de la raison personnelle sur la sensibilité, ont longtemps usé d'un pareil postulat pour expliquer la formation des valeurs qui sont de leur ressort. Il est trop aisé de montrer que c'est un postulat, en effet, et qu'en voulant s'y tenir, on supprime, par abstraction, des faits dont la puissance explicative est indéniable.

Replaçons seulement l'individu au milieu de ses semblables. Ses raisons de porter des jugements de valeur sur des choses ou des idées vont s'en trouver naturellement renforcées. Tout ce qui tend, disions-nous, à accroître la distance entre le désir et l'objet du désir tend aussi à rehausser la valeur de l'objet. Mais la distance en question se trouve souvent accrue du seul fait qu'entre l'objet et nous, nos semblables s'interposent : les semblables deviennent aisément des concurrents. L'extension du cercle des demandeurs augmente l'intensité de la demande.

Or, plus une chose est désirée, plus aussi elle paraît, à l'individu perdu dans la foule, difficile à obtenir : c'est souvent une raison nouvelle pour qu'elle lui paraisse désirable. La remarque des économistes voudrait être généralisée : la rareté décuple le prix. La difficulté est une attraction. Les partis politiques se font, eux aussi, une utile réclame en publiant qu'on refuse du monde aux meetings qu'ils organisent. Et, sans doute, il y a telles catégories de valeurs à qui la remarque paraît difficilement s'appliquer, celles qui, ne se prêtant pas à la consommation matérielle, se laissent partager sans en être diminuées. Et n'est-ce pas le cas des programmes d'idées religieuses, politiques, esthétiques, que nous offrent, comme autant de drapeaux pour nous rallier autour d'eux, les églises, les partis, les cénacles de toutes sortes ? Ici même, pourtant, la concurrence opère. La quantité d'attention dont une société dispose à un moment donné est une quantité pratiquement limitée. Les programmes luttent entre eux pour s'imposer à l'attention. Et il arrive que les résistances rencontrées par celui qui nous attire, les difficultés qu'il trouve à passer à l'acte nous y attachent plus étroitement : on serre plus fort la hampe du drapeau qui a le vent contre lui.

Célestin Bouglé

Plus clairement encore, la valeur d'un objet, idée ou chose, programme ou outil, s'accroît à nos yeux lorsque nous y voyons incorporés non pas seulement le résultat de notre effort personnel, mais celui d'une foule indéfinie de collaborateurs. Que surtout l'effort des contemporains ne fasse que s'ajouter à celui des ancêtres, que la foule des collaborateurs évoqués prenne l'aspect d'une procession de générations dont l'origine se perd dans le passé, alors le produit de ce travail collectif, anonyme et séculaire, revêt aisément à nos yeux un caractère sacré : laisser perdre ce patrimoine nous ferait l'effet non seulement d'une faute, mais d'un péché. N'est-ce pas la principale origine du culte que nous rendons à la terre natale, la terre des ancêtres ? Par tout ce qu'elle a bu de sueurs, de larmes, de sang, elle est comme imprégnée d'une valeur auguste.

Mais la patrie n'est pas seulement la terre des pères : elle est la terre des fils. On la loue, non pas seulement pour le passé qu'elle incorpore, mais pour l'avenir qu'elle prépare. Et ici encore les rayons de l'auréole se multiplient, les valeurs sont accrues lorsqu'aux perspectives individuelles s'ajoutent les perspectives sociales. Une valeur, disions-nous, est une possibilité permanente de satisfactions. Mais non pas forcément rapportée par ma pensée à ma seule sensibilité. La pensée justement me rend capable de sentir pour d'autres : je respecte la source en évoquant les voyageurs inconnus qu'elle désaltérera. Une terre ou un principe, un ensemble d'institutions ou un système de croyances revêtent à nos yeux une valeur indéfinie, si j'y vois des possibilités permanentes de satisfactions pour tout un peuple. Le culte du blé et du pain, les hymnes au travail et à la liberté supposent cet élargissement de l'imagination appelant l'avenir et embrassant les foules.

Et c'est ainsi que, par l'action de la sympathie aussi bien que par celle de la concurrence, par le souvenir des coopérations passées comme par l'espérance des communions futures, la projection des valeurs se trouve singulièrement facilitée. L'atmosphère sociale est spécialement favorable aux constructions complexes que l'intelligence élève sur les données de la sensibilité.

Bien plus : sans cette atmosphère, ces constructions auraient-elles jamais pu s'élever ? Et faut-il nous contenter de dire que la présence de nos semblables, coopérateurs ou concurrents, rend plus aisé le

Chapitre II

jeu du mécanisme mental qui extériorise les valeurs ? En dehors de la société, ce mécanisme aurait-il fonctionné ? se serait-il seulement constitué ? Quand on a rappelé l'action de l'intelligence humaine sur la sensibilité et celle de nos semblables sur notre imagination, il reste du mystère encore dans la constitution des valeurs ; et c'est peut-être aux forces de nature spéciale qui naissent de la vie en société qu'il faut demander la clé de ce mystère.

*

**

Si les valeurs se dressent en face de nous comme des réalités indépendantes de nos impressions momentanées et de nos désirs changeants, la principale raison est, sans doute, que, d'une façon ou d'une autre, elles tendent à s'imposer à nous. Ni en matière économique, ni en matière religieuse, ni en matière morale, ni même en matière esthétique, nous n'apprécions *ad libitum* : notre fantaisie personnelle rencontre des résistances, elle trouve des cadres préparés. La réalité de la valeur, remarquait G. Simmel, consiste en une prétention : elle exige qu'on la reconnaisse. C'est sur ce caractère qu'insiste Durkheim avec force. Les jugements de valeur, à ses yeux, sont objectifs parce qu'ils sont impératifs.

Mais s'ils sont impératifs, n'est-ce pas parce qu'ils sont collectifs ? D'où peut leur venir le prestige contraignant dont, à des degrés divers, ils nous paraissent revêtus, sinon de cette force spéciale qui émane de la réunion des consciences ? Ce qui revient à dire que, pour comprendre le genre d'autorité propre aux valeurs, il importe de comprendre d'abord comment se constitue et comment agit la *conscience collective*.

Sous cette expression qui prête encore à tant de contestations, quelles réalités pouvons-nous mettre?

Le rapprochement des deux termes : conscience et collective fait, au premier abord, l'effet d'un paradoxe.

Il est hors de doute que la conscience se présente au civilisé, adulte du moins, comme ce qu'il y a de plus personnel. Sensations et idées, désirs et volontés se rapportent à un moi. Autour de cet axe, cette poussière s'organise. Et l'espèce de synthèse ainsi constituée ne se reconstitue de même nulle part ailleurs. Est-ce donc à dire que les personnalités sont autant d'îles, condamnées à un splendide isolement ? Qui n'aperçoit aussitôt l'exagération romantique de cette thèse ?

Imaginons qu'un certain nombre de nos contemporains nous laissent opérer un rapide inventaire de leurs mobiliers intérieurs. Il est trop clair que chez ceux qui ont traversé les mêmes milieux, vu les mêmes spectacles, lu les mêmes livres, bu aux mêmes sources, on trouvera nombre de représentations communes et qui sont comme transposables d'une conscience à l'autre.

Un lot commun d'idées, c'est d'abord, ce que nous pourrions appeler une conscience collective.

Un lot ? Il faudrait dire plutôt un système, et qui est lui-même le résultat d'une synthèse. Les idées que nous retrouvons dans une foule de consciences ne restent pas inertes et séparées comme des choses matérielles. Elles entrent en rapports, réagissent les unes sur les autres, composent des ensembles coordonnés. Tout un travail s'opère ainsi dont la résultante est différente de celle qu'aurait donnée le travail de la pensée personnelle sur elle-même. Celle-ci, quand elle s'éveille, est comme encadrée par avance. Elle a toujours à compter, non seulement avec des matériaux, mais avec des formes qui ne sont plus son œuvre propre, ni celle d'aucun individu isolé : elles expriment une vie intellectuelle qui est une vie de groupe.

Bref, les tendances que le sociologue rassemble sous le mot de conscience collective, ne sont pas seulement, à ses yeux, tendances communes, mais tendances originales et dominatrices.

Quand les individus se rapprochent, non seulement je retrouve dans leurs consciences beaucoup d'éléments communs, mais de ce rapprochement naissent des produits nouveaux. Pour obtenir la conscience collective, il ne suffit pas de totaliser les parties communes des consciences individuelles ; de l'association des hommes se dégage une force, douée d'un pouvoir de pression aussi bien que d'attraction, et c'est précisément cette force originale que nous voyons à l'œuvre dans le monde des valeurs.

Cette force dont nous constatons les effets, nous est-il donné de la voir se former ? Pouvons-nous la saisir à l'étal naissant ? La remarque en a été souvent faite : plongé dans une foule, emporté dans son courant, il arrive qu'on se sente bientôt comme hors de soi. On est entraîné à des émotions auxquelles on ne se serait jamais ou haussé ou abaissé tout seul. Et ce sont accès de brutalité ou élans d'enthousiasme dont l'individu ne se serait pas cru capable.

Cette force qui se dégage de la foule est plus ou moins nettement connue puisque les effets en sont escomptés. La plupart de ceux qui vont aux meetings n'y vont pas seulement pour exprimer leur foi, mais pour se confirmer, en se sentant les coudes, dans la foi qu'ils expriment. Dans les fameux « revivals » du Pays de Galles, en 1904, des gens se réunissaient exprès pour s'exalter : il leur fallait danser et chanter ensemble pour se sentir en communion avec la divinité.

Mais on aurait grand tort de croire que seuls les contacts momentanés qui se multiplient dans une foule produisent de pareils effets. La foule est le plus bas degré de la société : c'est la société amorphe. Dans une société fortement organisée, la réaction du groupement sur l'individualité aura toutes chances d'être plus puissante.

Pour passer d'un extrême à l'autre, qu'on songe seulement à cette force qu'on appelle l'âme d'un régiment. Des habitudes consacrées, des souvenirs glorieux, un amour-propre collectif y donnent un tour spécial à la discipline. Quiconque, naguère, prenait l'uniforme du XXe corps y prenait un « allant » spécial. Et même lorsque presque tous les soldats qui le composaient au début de la guerre furent remplacés le XXe corps garda quelque chose de sa physionomie morale.

À plus forte raison, une nation nous marque-t-elle de son empreinte et fait-elle de nous les serviteurs désignés de certaines valeurs. Non qu'elle ait besoin pour cela de faire régner chez elle la discipline d'un régiment ; ses modes d'action sont singulièrement plus variés et plus souples. Elle nous prend par l'amour plus encore que par la contrainte. Tant et si bien qu'à de certaines heures nous sentons vraiment notre être identifier sa vie à celle d'une collectivité, où il est prêt à se fondre.

Rappelons-nous seulement les heures de la mobilisation et celles de l'armistice. Quelle âme, à ces deux moments historiques, ne s'est sentie emportée en des courants de sentiments irrésistibles ! Ces forces-là ont agi tout le long de la guerre. Elles ont aidé les soldats au sacrifice suprême. M. Jules Sageret, dans son livre sur la *Philosophie de la Guerre* propose de dire qu'à ce moment-là « l'homme-abeille » triomphe de l'homme individu. L'Esprit de la Ruche réussit à dominer, par la conspiration des sentiments collectifs, la raison même des raisonneurs.

Par des synthèses de ce genre s'explique sans doute la fonction qui est, selon Durkheim, la fonction la plus haute, la fonction caractéristique des sociétés : créer un idéal. Relisons la conclusion, dès à présent célèbre, des *Formes élémentaires de la vie religieuse* : nous y retrouverons cette idée que des valeurs supérieures ne peuvent dériver ni des seules propriétés des choses, ni des seules facultés de l'individu. Il y faut l'action de ce foyer de chaleur que constitue le rapprochement des consciences. Si chacune d'elles se sent dominée par l'idéal, c'est qu'aucune d'elles en particulier ne le crée de toutes pièces. Il est une loi pour la vie personnelle parce qu'il est une émanation de la vie collective.

Ces réflexions permettent peut-être de mesurer ce qu'une explication proprement sociologique ajoute aux explications purement psychologiques ou même interpsychologiques.

Pour comprendre la formation des jugements de valeur, nous n'alléguons plus seulement les facultés de l'intelligence réfléchissant sur les impressions, se souvenant, prévoyant, abstrayant, généralisant. Nous ne nous contentons même plus de rappeler quelles raisons d'ajouter de la valeur aux choses donne à l'individu l'évocation de ses semblables, coopérateurs ou concurrents. Nous cherchons au-dessus des consciences individuelles la source de l'autorité dont les valeurs sont revêtues. Au-dessus des consciences individuelles ? C'est-à-dire, non dans une abstraction sans lien avec leurs expériences, mais dans la synthèse, productrice de propriétés nouvelles, que forme leur association. Opération toute psychique sans doute : puisque les éléments de la synthèse en question sont toujours des consciences. Seulement en se penchant sur l'âme personnelle et en utilisant les seules lois que l'analyse intérieure a permis de dégager, on n'aurait pas réussi à expliquer le véritable mystère des jugements de valeur : la puissance de coordination impérative dont ils sont comme chargés par des réalités collectives dont ils expriment les tendances.

Chapitre II

Mais dans ce rattachement des valeurs à la Société, n'y a-t-il pas, dira-t-on, quelque chose de choquant pour la conscience ? Ces appréciations qui servent de points d'appui à toute notre vie spirituelle, vous les présentez comme autant de consignes ? Vous semblez subordonner la vie même de l'esprit à celle d'un grand être, doué d'une puissance contraignante, qui serait la société ?

Quand Durkheim, naguère, formulant les *Règles de la méthode sociologique,* proposait la « contrainte» comme caractéristique des faits sociaux, cette définition n'a pas été sans soulever de pareilles protestations. Pour un peu, on aurait crié au caporalisme. On semblait croire que Durkheim présentait la société comme une sorte de gendarme supérieur qui ne ferait régner l'ordre qu'à coups d'impératifs.

Essayons de dissiper les équivoques sur lesquelles repose cette interprétation.

Est-ce vraiment rabaisser la vie spirituelle que de montrer dans les valeurs qui la dominent des produits et des instruments de la vie sociale ?

Peut-être, si la Société ne devait être considérée que comme un organisme plus volumineux que les autres, dont la puissance irrésistible ferait primer surtout ses intérêts matériels, et qui, à sa seule volonté de durer, subordonnerait toute velléité de vie supérieure.

Mais pourquoi veut-on qu'à cette conception organiciste, de tendance matérialiste, la sociologie demeure fatalement liée ?

Lès êtres sociaux ne tendent pas seulement prolonger leur propre vie : ils travaillent à rendre possible une vie supérieure. Ils ne défendent pas seulement des intérêts matériels, ils rendent possible la domination d'un idéal.

Quand une vie commune s'organise, les forces inédites qui se dégagent sont des forces de nature spirituelle, qui débordent les âmes individuelles. Les valeurs qui se constituent en faisant converger les regards des hommes ordonnent leurs désirs, hiérarchisent leurs tendances. Un monde s'ouvre, que leurs imaginations surexcitées peuplent de formes majestueuses, attirantes et redoutables à la fois. La « catégorie de l'idéal », comme disait Renan, commence à fonctionner. On apprend à respecter en commun nombre de

Célestin Bouglé

choses ou d'êtres ; et ces communs respects sont comme autant d'échelons qui aident à l'ascension de l'individu : il s'élève par eux de l'animalité à l'humanité.

Il est à noter que sans ces points de ralliement, – sans ces étoiles, – la société, synthèse de consciences, manquerait de principe ordonnateur. L'existence de valeurs supérieures, qui exigent la révérence universelle, est une condition de sa vie propre. Et c'est pourquoi Durkheim, dans la conclusion de ses *Formes élémentaires de la vie religieuse,* pouvait écrire : « Une société ne peut ni se créer, ni se recréer sans du même coup, créer de l'idéal. »

Voilà qui explique, et justifie, et spécifie aussi l'espèce de pouvoir contraignant qu'il reconnaît à la Société. Elle ne contraint que parce qu'elle seconde. Et bien loin que son autorité soit quelque chose d'extérieur à la vie spirituelle, qui ne la commanderait qu'en l'offusquant, c'est du milieu même des esprits que naît cette autorité.

D'où il suit qu'inviter l'homme à respecter la société, ce n'est pas lui demander de se prosterner devant une sorte d'animal énorme, mais devant une grande flamme qui monte vers le ciel, et qu'entretiennent les âmes rapprochées.

*

**

On pourrait encore exprimer cette même essence de la vie sociale en rappelant que son produit éminent est la civilisation.

Qui dit civilisation dit constitution d'un monde proprement humain, supérieur au monde animal. L'effort pour constituer ce monde supérieur commence très tôt, aussitôt sans doute que des sociétés humaines existent. L'expression de sociétés non civilisées est équivoque. Dans les clans les plus primitifs, nous voyons à l'œuvre des rites et des consignes qui « dressent » les hommes en les associant. Dès cette phase, les valeurs idéales sont posées. Mais, au fur et à mesure que les acquisitions sociales s'accroissent, la part de la civilisation l'emporte démesurément sur celle de la pure nature. Et la vie sociale suppose des séries d'initiations de plus en plus riches.

« Dette le livre, et dette l'outil », disait naguère M. Léon Bourgeois, et par la notion de ce que l'individu doit à la société, il espérait revivifier le sentiment du devoir social. La sociologie reprend et approfondit cette démonstration solidariste. En nous montrant les racines sociales de l'arbre des valeurs, elle nous rappelle que la société alimente, non pas seulement notre vie matérielle, mais plus sûrement encore notre vie spirituelle. Croyances et mythes, légendes et romans, théories scientifiques et systèmes philosophiques, autant de gradins pour l'esprit. Il ne s'élève que soutenu par des forces originales qui naissent du groupement.

Et c'est pourquoi quand les groupements travaillent à nous imposer le respect d'un certain nombre de valeurs, il ne faut pas dire seulement qu'ils nous rappellent à l'ordre : ils maintiennent à notre disposition des moyens de progrès.

Les valeurs ne sont pas autant de blocs qui nous opprimeraient en nous pesant sur la poitrine ; mais bien plutôt les aimants qui attirent et méritent d'attirer nos efforts convergents.

La théorie sociologique de la projection des valeurs ne fait nullement de celles-ci des choses extérieures de nature matérielle s'imposant par une force brutale : produits d'une sorte de synthèse des consciences, les valeurs restent, en même temps que des instruments de communion, des principes d'incessante régénération pour la vie spirituelle.

Célestin Bouglé

Chapitre III
Valeurs et Éducation [1]

Une société n'est pas seulement échange de services ou collaboration de forces, mais communion de sentiments. L'unité de race ne suffit pas à assurer cette communion. Il y faut, à chaque génération, une œuvre d'initiation. Insuffisance, d'une part, du dressage mécanique ; d'autre part, de l'instruction purement intellectuelle. Pour faire respecter l'ensemble des valeurs qui constitue la meilleure raison d'être d'une société, des suggestions de sentiments demeurent nécessaires.

Comment cette nécessité peut s'accorder avec les exigences de l'enseignement public, avec les conclusions de la science des mœurs. En quel sens l'étude de l'évolution des valeurs peut éclairer le choix des consciences.

En recherchant comment les valeurs deviennent des réalités, c'est-à-dire pourquoi les jugements de valeur se présentent comme des jugements objectifs, nous avons commencé à comprendre la fonction sociale de ces jugements. L'autorité dont ils sont revêtus laisse voir, disions-nous, qu'ils portent en eux quelque chose de cette force spéciale qui résulte de la synthèse des consciences, ajoutons : qu'ils tendent naturellement à faire durer cette synthèse. Ils sont des instruments désignés de coordination. Le système qu'ils forment constitue comme la charpente invisible de la société : ils lui font une âme. Il n'y a pas de société qui tienne sans ces principes de communion.

Qui dit société ne dit pas seulement échange de services, ou collaboration de forces, mais communication de sentiments. Les

---

1 Alfred MOULET : L'École primaire et l'Éducation morale démocratique (paris, Hachette, 1915.).

F. BUISSON La foi laïque (Paris, Hachette, 1912).

B. JACOB : Devoirs (Paris, Rieder, 1913).

Fr. SIMIAND : De l'enseignement des Sciences sociales à l'École primaire en France. Paris, 1900.

DEWEY : Democracy and Education (New-York, 1917).

C. BOUGLÉ : L'Éducateur laïque (Son attitude en matière de religion, de patriotisme, de socialisme. – Paris, Rieder, 1921).

hommes ne sont intimement associés que s'ils ont un certain nombre de choses à respecter en commun. Une civilisation n'est pas seulement un ensemble de moyens dont l'humanité se sert pour agir sur la nature, c'est un système de fins destiné à faire converger les activités individuelles. L'entretien d'un feu sacré est pour toute société une nécessité vitale.

*

**

Entretien d'autant plus nécessaire que la société, par cela même qu'elle est chose vivante, est faite d'éléments périssables. « Les générations des hommes passent comme les feuilles. » D'où une incessante mobilité qui crée aux êtres sociaux des conditions d'existence toutes spéciales. On a souvent remarqué que la succession des générations est une cause naturelle de renouvellement social. L'humanité ne risquerait-elle pas de s'endormir et comme de se pétrifier, si elle était composée des mêmes hommes prolongeant indéfiniment leur vie ? Les vieillards ne sont guère accueillants aux nouveautés : la « gérontocratie » est, par définition, « misonéiste ». Au contraire, la jeunesse rêve de changer la face du monde. Chaque génération qui vient tient à dire son mot, à essayer ses formules. D'où, pour les sociétés, une raison d'aller de l'avant, de changer leurs procédés, de reformer leurs institutions.

Mais il est clair que cet effort de modification lui-même suppose un mécanisme de transmission préalable. On ne réforme que du donné ; on ne travaille jamais que sur de l'histoire. Et c'est pourquoi la première condition de tout progrès est toujours une tradition. La société est perpétuellement occupée à regagner le terrain perdu, à recruter de nouveaux porteurs de torches. La double loi de la mort et de la naissance lui fait une nécessité de se recréer continuellement elle-même. À chaque mort, le fil des traditions, conditions de la durée collective, est comme coupé. À chaque naissance il faut le renouer. De l'être nouveau que la vie apporte, il faut faire un être social. Il faut regreffer l'humanité sur la nature.

Tâche moins complexe, dira-t-on peut-être, et moins difficile qu'il ne semble au premier abord. Car la nature, même ici, même dans cette œuvre qui la veut dépasser, reste la servante de la société humaine : l'hérédité vient heureusement au secours de l'éducation.

Célestin Bouglé

Des races se constituent. Et quand la similitude biologique manquerait originellement à leurs représentants, l'assimilation historique pétrit les organismes de ceux-ci sur le même modèle. Les effets de la vie sociale s'enregistrent automatiquement, pense-t-on, jusque dans les cellules. Ainsi, l'enfant qui naît dans une société y apporte un certain nombre de prédispositions, de capacités et de goûts qui en font par avance un adapté. Il a certaines idées, certains jugements de valeur « dans le sang » ; une civilisation est comme déposée dans son cerveau et dans son cœur.

Préciser ce que l'hérédité est capable d'apporter, c'est une tâche singulièrement difficile. Biologistes et psychologue en ont déjà discuté ; ils en discuteront longuement encore. Il y a au moins une constatation sur laquelle l'accord paraît fait : c'est que les qualités que les parents ont pu acquérir pendant leur vie – dans l'exercice d'une profession, par exemple – sont rarement transmises aux enfants.

Une deuxième constatation s'impose : quand même l'enfant qui naît dans une société y apporterait en naissant un certain nombre d'aptitudes, ces aptitudes resteraient lettres mortes sans la mise au point que fournit l'éducation. C'est elle qui les fait passer à l'acte en leur proposant des fins déterminantes. Quelque vertu qu'on accorde à l'hérédité, il reste que l'être avec qui la société a affaire, l'enfant des hommes, est celui dont l'apport de naissance est proportionnellement le moins grand, eu égard à la multiplicité des acquêts qui l'attendent. La remarque de Lucrèce est toujours vraie : l'enfant humain est parmi les vivants un de ceux qui viennent au monde le plus démuni, le plus désarmé, le plus incapable de se suffire à lui-même : aucun nouveau venu ne réclame de plus grands soins. Aucun n'exige plus impérieusement autour de lui l'association des bonnes volontés. Les mains se nouent autour des berceaux. L'enfant apparaît donc en quelque manière comme le créateur de la société humaine, par cela même qu'il la force à rester longtemps penchée sur lui.

Il force ceux qui l'ont précédé dans la vie à rester groupés pour l'aider. Mais ils ne l'aident pas pour lui seulement : ils l'aident pour le groupe lui-même. Ils travaillent à modeler un être qui puisse vivre dans la société et dans lequel la société puisse vivre.

Chapitre III

Cette «deuxième naissance » suppose, disions-nous, que l'enfant apprenne à estimer un ensemble de valeurs. La remarque par elle seule laisse prévoir pourquoi tels modes d'éducation doivent paraître insuffisants aux sociétés : ceux qui ne tablent que sur le corps et ceux qui ne s'adressent qu'à l'intelligence.

*

**

Le dressage est l'opération qui se réduit à inculquer à l'enfant des habitudes. Il n'est pas impossible d'amener celui-ci, par la répétition, à faire les gestes appropriés au but poursuivi, sans même lui expliquer les raisons de l'acte, sans lui laisser non plus grande latitude dans le choix des moyens. C'est en somme installer dans l'être humain une série de mécanismes qui viennent compléter ou remplacer les instincts. À la limite, si le procédé réussissait, on aboutirait à créer des automates sociaux.

Serait-ce donc là l'idéal de l'éducation ? Quelques-uns ont beau nous répéter aujourd'hui que l'art suprême pour l'éducation est de « faire passer le conscient dans l'inconscient », et le « psychique dans l'organique », nous accepterons difficilement l'idée que la société, pour assurer son existence, devrait transformer les hommes en autant de machines.

En fait, si l'organisation économique tend à transformer en appendices de la machine, comme disait Marx, toute une classe d'hommes, la protestation de l'humanité s'élève. On a l'impression que la Matière envahit la Société, et tend à lui ravir un certain nombre de ses parties constituantes.

L'existence d'une société, avons-nous observé, est avant tout d'ordre spirituel. Elle veut non pas seulement des combinaisons de mécanismes, mais des communions d'esprits. C'est dire que tout mode d'éducation qui tend à tuer l'esprit va contre son but essentiel.

Laissons donc, dira-t-on, le dressage pour l'instruction et ouvrons le plus largement possible les intelligences. Faisons connaître à l'enfant la riche variété du monde et de l'histoire. Renseignons-le sur les propriétés des choses et les conquêtes de l'esprit. Le système que formeront ces notions peut devenir le centre d'une culture vraiment humaine, et les êtres qui participeront à cette culture seront associés de la façon la plus intime par leurs hautes facultés.

Célestin Bouglé

C'est sur la tête des hommes que doit reposer la société véritable.

Que le capital intellectuel, transmis par l'instruction, soit un principe de rapprochement, et de rapprochement par l'intérieur, qui songe à le contester ? Les notions acquises et propagées par le progrès des sciences sont autant de traits d'union entre les esprits. Auguste Comte avait nettement aperçu cette vérité. Et il maintenait qu'on ne pourrait songer à réorganiser la société sans avoir constitué une solide homogénéité mentale, sans avoir amené les intelligences à s'incliner ensemble devant les mêmes lois scientifiques. Le rapprochement intellectuel est une des conditions de l'entente sociale.

Est-ce à dire qu'il en soit la condition unique ? Est-ce à dire que pour faire respecter l'ensemble de valeurs qui constitue la meilleure raison d'être de la société, il suffise de s'adresser aux intelligences et de laisser parler les faits présentés par la science ? Toute éducation ne comporte-t-elle pas normalement, à côté de l'instruction proprement dite, ou communication des notions scientifiques, une *suggestion de sentiments* ?

Le même Auguste Comte qui consacra vingt ans de sa vie à construire un édifice de rapprochement intellectuel devait nous avertir qu'on n'agit profondément que sur et par le sentiment. Il ne suffit pas qu'un même rayon éclaire les esprits pour qu'une société se sente une : il faut que les cœurs vibrent à l'unisson. La convergence des connaissances contribue sans doute à préparer, mais elle ne crée pas forcément la convergence des appréciations. Or, celle-ci est une condition vitale pour les groupements humains.

C'est pourquoi le souci des valeurs à faire respecter demeure au premier plan de l'éducation dans toutes les sociétés jusqu'ici connues. Toute éducation est *initiation,* c'est-à-dire entrée dans un monde sacré. Dans les sociétés primitives, cette initiation correspond à une cérémonie solennelle : et les rites qui la composent – épreuves, lustrations, changements de nom – marquent assez clairement que l'enfant dépouille en quelque sorte sa première personnalité pour acquérir une personnalité nouvelle : par la participation aux croyances et l'obéissance aux consignes de la tribu il devient un homme.

Ces cérémonies peuvent disparaître ; l'œuvre de communion

Chapitre III

sentimentale dont elles sont le symbole continue de génération en génération, dans les sociétés les plus éloignées du clan primitif. Diffuse ou diluée, l'initiation est incessante. Nous passons notre temps à indiquer aux nouveaux venus, soit indirectement par notre exemple et nos gestes, soit directement par nos conseils ou nos réprimandes, ce qui mérite d'être admiré, ce qui mérite d'être méprisé. Ce n'est pas d'ailleurs seulement en matière proprement morale, c'est aussi bien en matière esthétique, ou en matière économique que ces suggestions sont multipliées, par la force des choses, presque à chaque instant du jour. Nous ne pourrions, quand nous le voudrions, nous empêcher d'apprendre à nos enfants à admirer, comme nous leur apprenons à hiérarchiser leurs besoins : nous permettre ou nous interdire tel genre de consommation, n'est-ce pas orienter les sentiments des témoins de notre vie ? Le plus souvent d'ailleurs, ces influences n'ont pas besoin de principes formellement exprimés pour s'exercer. Mais lorsque, réfléchissant sur elles, on veut les faire passer de l'ombre à la lumière, et formuler les tendances auxquelles elles obéissent, c'est à des jugements de valeur, non à de purs et simples jugements de réalité qu'on aboutit.

Ce qui revient à, dire que, pas plus que le dressage, l'instruction proprement dite ne donne aux sociétés tout ce dont elles ont besoin. C'est surtout par la transmission des valeurs que celles-ci se perpétuent.

*

**

Il peut sembler que celte conception de l'éducation s'accorde malaisément avec ce qu'on attend ou ce qu'on exige, dans nos sociétés, de l'enseignement public. N'est-il pas entendu qu'il doit être neutre ? Et cette neutralité n'est-elle pas la première condition de la paix nationale ? Dans un pays ou les croyances religieuses et les opinions politiques sont libres, il n'est pas bon, dira-t-on, que l'instituteur soit appelé à se prononcer sur les grands partis pris qui risquent de diviser les consciences. Que des jugements de valeurs dominent son enseignement, il va réjouir telles familles, en froisser telles autres ; s'il ne veut pas sortir de la neutralité il importe qu'il ne sorte pas de l'objectivité. Il est remarquable que,

Célestin Bouglé

après la guerre, plus qu'avant, nombre d'esprits paraissent disposés à insister sur ces exigences. Dans les milieux catholiques, n'exprime-t-on pas souvent, en souvenir de l'union sacrée, l'espérance que les croyances traditionnelles seront mieux respectées par les laïcisateurs ? Au même moment, dans les milieux socialistes, on laisse voir la crainte qu'un enseignement tendancieux ne travaille à arrêter l'essor du peuple ouvrier.

Le remède est peut-être, pensera-t-on, dans la science elle-même. Étendons l'esprit scientifique à l'enseignement moral. En cette matière aussi tâchons de nous en tenir à des constatations objectives. De cet enseignement scientifique de la morale aucun père de famille ne pourra se scandaliser plus qu'il ne se scandalise aujourd'hui de l'enseignement de la physique ou de la chimie.

Les récents progrès de la sociologie ne semblent-ils pas bien propres à autoriser cette espérance ? La « science des mœurs » nous a habitués à l'idée que la moralité aussi est un fait qui peut être étudié, non pas seulement à travers des théories, mais à travers des institutions. Les valeurs elles-mêmes ne tombent pas du ciel : on peut chercher à déterminer, par une méthode comparative, les conditions de leur formation et de leurs variations. Vis-à-vis de ces faits comme de tous les autres, prenons l'attitude objective qui a valu ses progrès à la science : et du coup on ne pourra plus accuser notre enseignement d'être tendancieux. C'est un grand progrès, certes, que de rattacher les sentiments moraux non pas à des conventions artificielles ou à des constructions abstraites, mais à la vie sociale elle-même : elles apparaissent dès lors comme des produits spontanés et aussi comme des instruments naturels de cette vie. Les enraciner ainsi dans la réalité, c'est déjà travailler à les mettre à l'abri de la fantaisie anarchiste : c'est donner une première raison de les tenir pour respectables. Avec des faits comme les faits moraux, tout esprit discipliné par la science devra du moins compter.

Est-ce à dire que la discipline de la science doive suffire à la discipline morale ? Prendre une attitude objective, faire abstraction de nos préférences personnelles et des impulsions de notre sensibilité pour essayer de voir les choses comme elles sont, c'est déjà une sorte de purification qui n'est certes pas à dédaigner : la moralité – nous le verrons – en peut tirer plus d'un bénéfice direct ou indirect. Il est douteux pourtant, qu'on puisse, si largement qu'on la conçoive, extraire de cette seule vertu intellectuelle toutes celles dont les sociétés ont besoin. Il leur faut en particulier, pour que les activités individuelles convergent, des mouvements de sympathie que la science ne saurait créer à elle seule. Pour se constituer, ne commence-t-elle pas par émonder systématiquement toute sensibilité ? Donc un enseignement qui se contenterait de retracer l'histoire des valeurs, même s'il pouvait ajouter à cette histoire une analyse sociologique, n'aurait pas encore de quoi accomplir l'œuvre d'initiation que la société réclame. Faire connaître n'est pas encore faire aimer : les jugements de valeur ne se déduisent pas forcément tels quels des jugements de réalité. L'existence du sentiment patriotique est un fait : l'éducateur se contentera-t-il de le constater et l'expliquer comme un fait ? S'il ne partage pas ce sentiment il ne le fera pas partager. De même il peut prouver qu'à telles sociétés le souci de la justice sociale impose des transformations de plus en plus profondes : si lui-même il ne voit pas dans ces transformations un progrès, s'il ne désire pas que ce mouvement continue, il ne contribuera pas à éveiller chez ses élèves la volonté de justice. En bref, *il n'y a pas d'éducation morale sans communication de sentiments.*

Il conviendrait d'ailleurs, pour mesurer la part respective à faire au sentiment et à l'intelligence, de distinguer entre les degrés de l'enseignement. L'esprit critique représente lui aussi une valeur, et même une valeur de premier plan dans nos sociétés libérales. Il est donc naturel que nous ne voulions pas que les jeunes gens quittent les écoles sans s'être préparés à penser par eux-mêmes. L'enseignement supérieur en particulier, s'il doit, non seulement les mettre au courant des résultats de la science, mais leur apprendre comment la science se fait, leur inculquera légitimement l'habitude de faire taire tout sentiment quand il s'agit de vérité. Mais avant qu'on en arrive à ce blanc et froid sommet, il y a toutes sortes de pentes à gravir, pour lesquelles l'appui des traditions qui émeuvent n'est pas de trop. Aider l'humanité à se dégager de l'animalité par l'entremise d'un capital social, c'est la tâche que l'école élémentaire elle-même doit assumer : pour y réussir il importe d'intéresser l'âme tout entière de l'enfant et d'orienter ses appréciations autant que ses connaissances. « Une civilisation, écrivait F. Rauh, est un

Célestin Bouglé

tissu non pas seulement de notions ou d'idées, mais de sentiments. C'est de cette substance spirituelle tout entière qu'il faut imprégner l'écolier. » À cet effet il convient, disait de son côté G. Lanson, de « vouloir chaudement le but de l'action collective, le bien général ».

Mais ce bien lui-même n'est pas fixé une fois pour toutes et il importe que les buts collectifs d'hier ne nous cachent pas les buts collectifs de demain. Ils obéissent sans doute à ce souci, ceux qui demandent que, dans l'école élémentaire elle-même, on se garde de tout enseignement tendancieux, et qu'on n'y marque aucune préférence ; seul moyen, pensent-ils, d'être juste envers toutes les tendances et de réserver l'avenir.

La méthode aurait au moins un défaut c'est d'être totalement impraticable. D'abord, quand bien même on se donnerait pour idéal de réduire l'éducation à l'instruction, l'instruction elle-même implique qu'on choisit pour l'enfant. Lui apprendre à lire et à compter, – remarque justement Alfred Moulet, – c'est déjà opter pour l'adaptation contre l'inculture, pour la société contre la nature : c'est mettre les nouveaux venus à même, d'évoluer dans un certain milieu civilisé : c'est les y incorporer par avance. Et puis, et surtout, où trouver un maître qui ne soit qu'un cerveau et se contente d'instruire ? En admettant même qu'il s'interdise tout enseignement moral direct, il ne peut, du moment où il parle, s'interdire de porter sur les choses ou les gens mille jugements de valeur. S'imposerait-il la gageure d'éviter ces jugements, ses actes parleraient pour lui. Ses préférences seront toujours connues. L'abstention, en ces matières, n'est qu'une apparence. Quand il coudrait sur sa figure le masque impassible de la science, un maître est toujours le serviteur et par conséquent le prédicateur d'un idéal. La transmission des valeurs est indispensable, disions-nous : ce qu'il y a de sûr, en tous cas, c'est qu'elle est inévitable. Ne pas tenir compte d'une pareille expérience dans l'établissement de nos programmes comme dans le choix de nos méthodes d'enseignement, ce serait un effort paradoxal.

On ne saurait soutenir, en tous cas, sans de graves confusions, que la sociologie justifie cet effort. Étudier par les procédés de la science les conditions de vie des sociétés, serait-ce donc postuler que les sociétés, pour sauvegarder leurs conditions de vie, n'emploient que des procédés scientifiques ? En fait, l'une des plus claires leçons de la science des mœurs, c'est que toujours et partout les mœurs se maintiennent par tout un système de suggestions, attractions et pressions qui agit sur les sentiments. Croit-on donc que du jour où une science des mœurs serait constituée, les sociétés n'auraient plus besoin du système qui les fait vivre ? En tous cas, une sociologie qui met au centre de tout les jugements de valeur, et qui assigne aux sociétés comme leur fonction suprême la création d'un idéal, serait peu logique en souscrivant à pareilles conclusions.

Lorsqu'un Durkheim se réjouit des fêtes qu'on institue pour commémorer les grands souvenirs de l'histoire d'une nation, lorsqu'il escompte les mouvements d'effervescences exaltantes, où les valeurs se récréent au sein des sociétés, il laisse voir que sa pensée, sur ce point aussi, est très proche de celle d'Auguste Comte. S'il maintient que l'heure est décidément passée des grandes constructions religieuses, dont avait rêvé Auguste Comte après les Saint-Simoniens, il ne croit pas que la source des grandes émotions collectives – telles qu'en suscitent par exemple le patriotisme ou le socialisme – soit désormais tarie ; et dans des sources comme celles-là il espère que les âmes, pour se régénérer socialement, continueront à se baigner.

*
**

« L'instituteur public français est au service d'une société divisée », remarquait F. Rauh. Et il est trop clair, par exemple, que sur le sens et le rôle des croyances religieuses, à l'heure actuelle, sur la place même de telle religion dans l'État, l'accord a été difficile à réaliser : et il a fallu chercher, en dehors des confessions qui se disputent les âmes, le terrain d'entente nationale. D'autre part les édifices bâtis sur ce terrain même ne sont pas bâtis pour l'éternité. Nul ne peut plus exclure l'idée d'aménagements nouveaux, voire de reconstructions intégrales. Notre société veut être progressive. Elle entend répondre aux aspirations des masses et respecter l'avenir non moins que le passé. De là, pour l'enseignement des valeurs, une source de difficultés nouvelles. Question religieuse d'un côté, question sociale de l'autre : entre ces deux incendies, entre ces deux foyers de discordes, il faut que soit sauvegardée la paix du hameau où se prépare, au milieu des enfants, la société de demain.

Célestin Bouglé

Quel ne va pas être, dans bien des cas, l'embarras de celui qui, à l'école, devant les générations nouvelles, représente la nation ! Nous lui rappelons que, mainteneur du lien social, il a des valeurs à transmettre ; mais lesquelles ?

L'espoir n'est pas interdit à la sociologie d'aider ici à l'orientation de la conscience des éducateurs. Nous disions qu'il est utopique d'essayer de remplacer en tout et pour tout, dans notre enseignement, les appréciations par des constatations ; et que l'esprit de la recherche scientifique ne saurait, par suite, rendre inutile la communication des sentiments. Mais sur la nature des sentiments à communiquer, dans le type de société où nous vivons, et à la phase de l'évolution historique où nous sommes arrivés, la recherche scientifique n'est-elle pas capable de nous apporter des renseignements utiles ? Les jugements de valeur qui font converger les consciences se forment sous l'empire de certaines conditions sociales. Et lorsque les sociétés se transforment il se produit des différenciations, ou des conjonctions grosses de conséquences. Les tendances diverses exprimées par les jugements de valeur, ici se contrarient, et là se coordonnent. Sur ces diverses possibilités il n'est pas sans intérêt que soient renseignés les éducateurs. La connaissance des lois de l'évolution des valeurs peut éclairer, pour l'exercice de leur fonction sociale, les choix de leur conscience.

Chapitre III

Chapitre IV
La différenciation des valeurs [1]

Les valeurs deviennent différentes. Les systèmes qu'elles forment acquièrent une indépendance croissante. La loi de différenciation appliquée aux idées et aux sentiments.

Les caractéristiques de l'état d'esprit du civilisé : il sait ne pas mêler les genres, se placer à des points de vue divers. La recherche de l'harmonie intérieure n'exclut pas ces différences. Pour le primitif, tout « participe » à tout ; les jugements de valeur ne se distinguent guère entre eux, pas plus qu'ils ne se distinguent des jugements de réalité.

La différenciation des valeurs n'implique pas forcément, d'ailleurs, la différenciation des classes. Les groupements qui se constituent pour défendre les diverses catégories de valeurs peuvent s'entrecroiser. Un même individu peut appartenir à des groupements divers. La « complication sociale » limite les effets de la différenciation. La personnalité acquiert une valeur propre.

Quand on se livre à une recherche sur les espèces de valeurs, on est bientôt réduit à constater que, selon les phases de l'évolution, les délimitations entre espèces se font plus ou moins nettes. Ces délimitations semblent plus faciles aux phases les plus proches de nous. Les valeurs *deviennent* différentes. Le monde économique rompt les liens qui l'attachaient au monde religieux. L'art réclame son indépendance vis-à-vis de la morale elle-même. Les ensembles d'idées et d'institutions qui servent les diverses valeurs tendent à constituer autant de systèmes autonomes.

La loi de différenciation se vérifierait donc dans ce monde immatériel comme dans le monde matériel. Les expériences sociales concentrées dans les jugements de valeur et les aspirations qu'ils traduisent, leur double cortège de souvenirs et d'espérances,

---

1 LALANDE : La dissolution opposée à l'évolution (Paris, F. Alcan, 1899.)
PAULHAN : Les transformations sociales des sentiments (Paris, E. Flammarion, 1921).
SIMMEL: Ueber soziale Differenzierung (Leipzig, 1890).
DURKHEIM : La division du travail social (Paris, Alcan, 1893.)

Célestin Bouglé

les satisfactions qu'ils promettent et les obligations qu'ils imposent, tous ces complexus d'impondérables seraient soumis à la même loi que les êtres vivants. Ce seraient comme autant d'organismes invisibles qui, eux aussi, en se pourvoyant d'organes de mieux en mieux spécialisés, se distingueraient de plus en plus les uns des autres.

Est-ce à dire que la généralisation de l'évolutionnisme ne rencontre aucune limite ? Il y a longtemps qu'on a opposé la loi de la dissolution à la loi de l'évolution. Celle-ci accentuant, celle-là effaçant plutôt les diversités des formes de l'être : nivelant, assimilant, vivifiant. Tendance aisément vérifiable, fait observer M. Lalande, dans l'ordre de la matière inorganique, comme le montre, entre autres, la loi de la dégradation de l'énergie. Le remarquable est que, une fois la raison éveillée dans la conscience des hommes, elle reprend à sa façon cette œuvre d'assimilation et tend à nous dégager des différenciations qu'imposait la vie. Ainsi, comme le voulait déjà Cournot, le monde des vivants serait un étage intermédiaire. Et certaines lois valables à cet étage seraient sans portée au-dessus comme au-dessous.

On accordera aisément aujourd'hui que la loi qui fait passer les êtres de l'homogène à l'hétérogène n'est pas la loi universelle et unique. Qu'elle commande l'évolution des espèces, ce n'est pas un motif suffisant pour qu'elle s'applique telle quelle à l'histoire des idées et des sentiments. Par le développement de la raison, toutes sortes de nouveautés ont chances de s'imposer. Et il est très possible que le règne humain élève force obstacles sur la route de la différenciation.

Nous aurons nous-mêmes l'occasion de montrer que les systèmes de valeurs, en dépit de l'indépendance relative qu'ils acquièrent, ne cessent pas de se conjuguer, en quelque sorte, et se prêtent diverses sortes d'appui. Mais une tendance n'annihile pas l'autre. Des forces de sens différents, voire de sens contraires, peuvent être à l'œuvre ensemble. Et bien loin que ce soit l'exception, se sera plutôt la règle dans le monde social. Cherchons donc à établir d'abord, quitte à corriger ou à compléter cette « loi » par d'autres, en quel sens et dans quelle mesure les valeurs humaines se différencient.

*

Chapitre IV

**

Pour constater le fait, il suffira de rapprocher les deux bouts de la chaîne de l'évolution et de confronter un état d'esprit de primitif avec un état d'esprit de civilisé.

Ne pas mêler les genres, savoir se placer à des points de vue différents, respecter sans les confondre les règles diverses des divers ordres d'activité auxquels on participe, c'est à coup sûr un signe de haute culture. Pour empêcher nos sentiments de déborder d'un rayon sur l'autre, une certaine capacité d'inhibition et de spécification est nécessaire, qui suppose une vie spirituelle assez complexe. Le dicton « les affaires sont les affaires » et le programme de l'art pour l'art – quelque distance qui les sépare – expriment, l'un comme l'autre, le besoin qu'éprouve le civilisé de distinguer les espèces de valeurs. Qui méconnaît les distinctions et mêle les critères – se placent par exemple à un point de vue politique pour juger une entreprise économique, ou à un point de vue moral pour apprécier un effort artistique – celui-là fait l'effet d'un attardé gênant. La bonne culture physique nous apprend à n'utiliser, pour certains types d'exercices, que certaines catégories de muscles : elle spécifie nos efforts pour en obtenir le rendement maximum. Ainsi une âme cultivée sait canaliser ses tendances : elle se rappelle que pour apprécier choses et gens, idées et institutions, il importe de pouvoir user tantôt d'un critère, tantôt d'un autre. Observer cette distinction, c'est le signe d'une sorte de liberté supérieure.

Par où l'on voit que nous ne serions pas disposés à accepter telle quelle la définition, toute quantitative, quelquefois proposée de la spiritualisation des tendances. La spiritualisation dont parle M. Paulhan, par exemple – et qui marche si souvent de pair, selon lui, avec la socialisation –se mesurerait, semble-t-il, au nombre croissant des éléments psychiques, images ou idées, émotions ou résolutions, qui viennent s'agglomérer en quelque sorte autour des instincts primitifs. Ainsi se formerait un système envahissant, qui attirerait à lui, en dissociant au besoin leurs éléments, leurs autres systèmes. Tel est bien sans doute le processus de la passion : quand elle réussit à envahir ainsi l'âme tout entière, la manie est proche. Mais l'homme normal de nos jours résiste instinctivement à cette sorte de compénétration des systèmes dont la coexistence est l'une des conditions de son équilibre intérieur. Et il est aidé dans cette

Célestin Bouglé

résistance par la pression de la société, qui a besoin qu'on sache spécifier les appréciations.

Cette spécification ne préjuge pas, d'ailleurs, la solution d'un problème qui reste posé devant les individus, et que les différents types d'esprits résolvent de façons assez différentes : comment faire vivre ensemble des systèmes de tendances qui prennent leur centre les uns dans une catégorie, les autres dans une autre catégorie de jugements de valeur ? Pour beaucoup d'esprits, a solution la plus simple est le compartimentage. Ils font dans leur journée la part de l'art et celle des affaires, celle du monde et celle de la religion. Entre ces divers milieux, ils installent comme des cloisons étanches. De l'une à l'autre, ils n'admettent pas d'empiètement. Et c'est pourquoi entre l'une et l'autre y aurait-il des contradictions qu'ils ne les sentiraient pas. Tout le monde ne prend pas si aisément son parti de cette incoordination. Il y a des esprits qu'elle fait souffrir et qui veulent à tout prix retrouver, jusque dans la diversité des tendances, le principe d'unité sans lequel l'intégrité même de leur personne leur paraîtrait menacée. Ajoutons qu'il y a des valeurs qui ne se laissent pas facilement réduire à la portion congrue. La morale veut précisément avoir son mot à dire sur le tout de la vie, sur la part qu'il faut concéder aux autres valeurs, sur leur place dans la hiérarchie. De là les constructions intellectuelles qui ont pour objet de réintroduire une sorte d'harmonie supérieure dans la vie de l'esprit.

Mais si intense que puisse devenir ce besoin, il n'efface pas, croyons-nous, la différenciation des valeurs qui correspond au progrès de la culture. Harmoniser n'est pas nier les différences. Et qui dit hiérarchie à établir dit aussi distinctions à conserver. Une unité interne qui ne serait acquise qu'au prix de la confusion des valeurs rendrait l'individu quasiment inadaptable à une vie sociale complexe comme est la nôtre. La capacité de spécifier les valeurs est à la fois produit et condition de la vie civilisée. Une des preuves qu'on en peut donner, c'est que rien ne manque plus que cette capacité, semble-t-il, à l'esprit primitif. Non pas du tout qu'il soit entièrement livré, comme on l'a cru trop longtemps, à l'impulsion des instincts. Il connaît les consignes multiples, et même les constructions d'idées assez complexes ; la place des mythes et des rites dans les sociétés primitives en est la preuve suffisante. Mais ce qu'il sait le moins, c'est distinguer les genres, et instituer entre des jugements des rapports logiques, abstraction faite des associations d'idées adventices.

M. Lévy-Bruhl, pour nous faire comprendre le propre de cette mentalité, a proposé l'expression de participation. Aux yeux du sauvage, tout participe à tout. Il n'y a pas d'être qui ne puisse devenir autre que lui, ou même se muer en son contraire. Les limites entre catégories sont flottantes. On confond aisément le visible et l'invisible, le rêvé et le perçu, le vivant et le mort, la partie et le tout. C'est sans doute que le primitif s'élève difficilement à la représentation pure : émotif à un point que nous avons peine à comprendre, il mêle à ses idées ses désirs et ses aversions, ses espoirs ou ses craintes. Qu'on songe au tourbillon d'émotions que doit éveiller en lui la vue d'un loup, d'une arme, d'un éclair ; il n'est pas étonnant que prédomine chez lui une « logique des sentiments » qui ne recule devant aucune confusion. Ajoutez que ses idées sont rarement produits personnels élaborés dans la solitude. On pense beaucoup en commun dans les sociétés primitives et sous l'empire d'une exaltation collective qui n'a que trop de tendances à tout brouiller.

C'est dire d'abord que la pensée, aux premiers stades, doit, avoir beaucoup de mal à séparer les jugements de réalité et les jugements de valeur : déterminer la propriété d'une chose, abstraction méthodiquement faite des sentiments qu'elle éveille, au cœur des hommes, c'est une opération délicate qui ne devient habituelle qu'assez tard. Mais distinguer entre les diverses espèces de sentiments qu'une chose peut éveiller, cela même est une difficulté qui n'est pas franchie du premier bond ; les jugements de valeur sont donc mal distingués entre eux comme ils sont mal distingués des jugements de réalité.

Et à vrai dire, dès les phases les plus lointaines où nous puissions remonter, une antithèse s'impose : choses sacrées et choses profanes sont séparées comme par un abîme. Nous ne connaissons pas de société animale qui possède des rites ; inversement, point de société humaine qui n'en possède pas. L'âme primitive, loin d'être abandonnée aux purs instincts, est encombrée de scrupules. Elle se croît surveillée par d'obscures puissances, dont les ordres la font trembler. Et c'est autour de ces ordres que se systématisent les

Célestin Bouglé

premières idées des sur le bien et le mal. Mais cette systématisation même, s'opérant à une heure où l'esprit humain est peu capable de cloisonnement, rend difficile la distinction entre les diverses catégories de bien ou de mal. Toutes les valeurs gravitent de près ou de loin autour de l'autel. Quiconque possède l'espèce de fluide mystérieux qui émane du monde sacré – le *mana* – doit réussir également bien dans les entreprises économiques, les expéditions militaires, les intrigues amoureuses. La religion se mêle à tout, domine tout. Dans la *Grève de Samarez,* Pierre Leroux, décrivant les occupations des prêtres égyptiens rattachés à un temple, ajoutait : « C'était la science, l'art et l'industrie réunis que ce temple et ce sacerdoce. » Spencer à son tour note que les prêtres ne furent pas seulement les premiers juges, mais les premiers médecins et les premiers astronomes. Les fonctions jadis assemblées par le sacerdoce iront se spécifiant : de même iront se spécifiant les valeurs primitivement unifiées par la religion. La différenciation des valeurs marche de pair avec la division du travail.

*
**

D'ailleurs, pour qu'il puisse se former des esprits plus ou moins cloisonnés, tels que ceux que nous avons décrits comme caractéristiques d'un état de civilisation avancé, encore faut-il que l'évolution sociale ait pris certaines directions : il en est qui conduiraient à des impasses. La différenciation des valeurs pourrait, comme la division du travail elle-même, spécialiser les âmes, et les emprisonner dans une zone, en leur interdisant toutes les autres.

C'est un fait bien connu qu'en répartissant les tâches entre les individus, la société tend à classer ces individus eux-mêmes, à les répartir en catégories qui, n'ayant plus mêmes occupations, ni mêmes préoccupations, n'envisagent plus le monde sous le même angle. On a souvent cité le mot de Sir Robert Peel : « Les progrès de l'industrie créent une nouvelle, race d'hommes. » Il n'y a pas que l'industrie proprement dite qui travaille à modeler ceux qu'elle emploie. Tout métier marque son homme intérieurement plus encore qu'extérieurement. Et lorsque les métiers sont héréditaires, tout ne se passe-t-il pas comme si des races différentes, à l'intérieur

Chapitre IV

d'une même société, se divisaient les tâches ? Le régime des castes, où la corporation est en même temps une famille, et où la naissance détermine la vocation, offre un spectacle de ce genre. Et on assiste alors, non pas seulement à une division du travail, mais à une différenciation véritable. Alors, et alors seulement, les sociétés sont assimilables à des organismes, l'individu étant emprisonné dans le métier comme la cellule dans l'organe. Il y a des civilisations qui gardent longtemps cette empreinte : et même à l'intérieur de notre civilisation, il y a des esprits qui continuent à penser que la différenciation est la vraie mesure du progrès. Ils répéteraient volontiers : « Que chacun joue son rôle d'organe et la cité sera bien servie. » La pensée allemande, a-t-on remarqué, a de la peine à se débarrasser de la conception organiciste de l'État, dont Hegel à sa manière a donné la formule. D'où la lenteur avec laquelle s'institue au delà du Rhin une vie politique. Les observations de M. Pirenne, emmené en captivité en Allemagne, confirment sur ce point les réflexions de M. Andler. Le culte de la compétence s'allie souvent, chez les Allemands, au respect aveugle du pouvoir. Attachés à leur besogne spéciale, ils répugnent à discuter les mots d'ordre d'en haut. Ce qui revient à dire que l'excès du professionnalisme tendrait à rétrécir les terrains de rencontre propices à l'action collective.

*
**

Mais on sait assez que dans la civilisation occidentale la tendance à la différenciation, quelque force qu'elle puisse conserver, ou reconquérir ici ou là, est contrariée ou limitée de plus d'une façon. L'une des raisons en est que les valeurs, en se distinguant les unes des autres, sont loin de se constituer toujours, ou du moins ne conservent pas longtemps des cercles fermés de clients qui seraient en tout des semblables. Pour défendre un idéal religieux, pour maintenir ou propager une mode, pour servir un intérêt économique, des groupements se forment, mais qui peuvent se recruter dans des milieux par ailleurs divers. Sectes, partis, syndicats, clubs d'amis des arts, sociétés pour l'avancement des sciences, sont ainsi autant d'associations non plus englobantes, mais « unilatérales »; chacune d'elles ne revendique qu'un côté de la vie individuelle.

Célestin Bouglé

L'homme ne leur appartient pas corps et âme. Il rencontre chez elles des collaborateurs qui, comme lui, se prêtent plus qu'ils ne se donnent, ou du moins ne donnent une partie de leur pensée et de leur activité qu'en réservant les autres. On s'habitue là à distinguer ce qui est et ce qui n'est pas du ressort des groupes qui vous convoquent : on respecte le quant-à-soi ; on apprend la tolérance, condition même du concours.

Et c'est ainsi que la « complication sociale » vient limiter les efforts de la différenciation.

Il va sans dire que cette tendance elle-même n'est pas sans rencontrer des résistances. Les individus ne sont pas toujours laissés libres d'adhérer à toutes les sociétés partielles. Il en est d'absorbantes, ou d'intolérantes, qui admettent difficilement les partages. Un groupement à base professionnelle est naturellement plus accapareur qu'un groupement de sport. Un parti politique, une secte religieuse peuvent arriver à défendre à leurs fidèles la collaboration avec les « infidèles ». Élie Halévy, dans son *Histoire du Peuple Anglais au XIXᵉ siècle,* note que nombre de bourgeois parvenus s'évadent du non-conformisme : le *Dissent* risquait de leur rendre difficile les contacts avec *la Gentry.* Jusqu'à nos jours, le fait d'être socialiste, en France, n'a guère empêché les adhérents au parti de rencontrer, sur des terrains autres que le terrain politique, des adeptes de partis différents. Mais il peut se faire que le socialisme, dans l'ardeur du combat, retrouve l'intolérance d'une religion conquérante et, sous prétexte d'empêcher des collaborations de classes, travaille à constituer une nation dans la nation.

Un dépit de ces velléités qui lui sont contraires, la tendance à la complication sociale continue à dominer dans notre civilisation. Le nombre des groupements auxquels un même individu peut appartenir va croissant. Et ainsi s'explique l'espèce de souplesse mentale et sentimentale que nous disions caractéristique de l'état d'esprit du civilisé, par opposition à l'état d'esprit du primitif. Quiconque n'est pas emprisonné dans un groupement unique est plus apte à user, en respectant leurs différences, des diverses catégories qui se sont distinguées, au cours de l'évolution, dans le monde des valeurs.

Peut-être ces processus nous aident-ils à comprendre certains effets caractéristiques de nos sociétés, que l'on impute quelquefois à la division du travail en elle-même. Durkheim, par exemple, lui attribue deux influences morales qui au premier abord semblent de sens contraire : elle rapproche et elle libère. Des gens entre qui des fonctions sont partagées sentent plus profondément le besoin qu'ils ont les uns des autres ; et en même temps, ils sont préparés à se reconnaître, les uns aux autres, le droit de différer. C'est ainsi qu'une solidarité organique, respectueuse des diversités, se substitue à la solidarité mécanique, qui postule les ressemblances. C'est ainsi que la conscience collective se fait moins pesante : elle arrive à autoriser ou plutôt à exiger le respect des consciences individuelles.

Mais les choses vont-elles ainsi d'elles-mêmes ? Pour que les gens entre qui des fonctions sont divisées ne tendent pas à constituer des corporations fermées, jalouses et revêches ; pour qu'entre ces groupements des liens moraux subsistent ; pour que d'un cercle à l'autre les hommes se réjouissent de se compléter et se promettent de s'entr'aider, il n'est pas suffisant que le travail soit divisé. Il est utile que certaines valeurs soient en commun respectées, et que sur certaines formes de l'idéal, les hommes de professions diverses continuent à s'entendre. Or, cette entente n'est-elle pas justement favorisée si ces hommes, en dehors de leur profession même, se rencontrent dans les groupes variés – Église ou Club, Parti politique, Associations d'anciens combattants – qui se mettent au service des diverses espèces de valeurs ?

La complication sociale, en aidant les consciences à se placer, sans mêler les genres, à divers points de vue, réagit contre l'internement moral auquel elles risqueraient d'être condamnées par la spécialisation.

*

**

Le même phénomène rend compte peut-être d'un des traits les plus originaux des sociétés occidentales modernes : la haute valeur accordée à la personnalité elle-même.

G. Simmel a dès longtemps remarqué que l'entrecroisement des cercles sociaux peut produire un effet analogue à celui de la participation des idées dans le système platonicien : au point d'intersection de ces cercles la personnalité se dresse, rendue originale et autonome, en quelque mesure, par la diversité même de ses attaches.

Quand les diverses valeurs, – scientifique ou économique, esthétique ou morale, – au lieu de rester comme subsumées ensemble par un idéal unique et de nature religieuse impérative, ont conquis leur autonomie, il est laissé plus de jeu à la conduite des hommes. La rivalité de ces souveraines libère en quelque mesure leurs sujets. Vis-à-vis de chacune d'elles ils peuvent désormais se réserver. En tout cas, il leur appartient de mesurer la part qu'ils concèdent à chacune. Ainsi leur devient-il loisible de construire chacun de leur côté, en réfléchissant sur leur pratique, cette espèce de hiérarchie des fins qu'implique toute conception de la vie. À la limite, en raison même de la diversité des combinaisons possibles et des proportions assignées par les consciences personnelles aux différentes espèces de valeurs, ces conceptions de la vie deviendraient affaires privées, adaptées aux idiosyncrasies.

Et ainsi, la différenciation des valeurs dans la société, lorsqu'elle met à son service la complication sociale, contribuerait pour sa part à la différenciation des âmes individuelles. Ce qui revient à dire qu'elle nous préparerait, à sa manière, à considérer comme une valeur supérieure l'autonomie de la personne humaine.

Chapitre V
Valeurs, Fins, Moyens [1]

En quel sens il est légitime de considérer les fins, en sociologie.
Contre l'épiphénoménisme. Si l'on peut distinguer les valeurs en
valeurs-fins et valeurs-moyens. La loi de transfert. Une même
valeur peut être considérée tantôt comme une fin, tantôt comme
un moyen.

Une même valeur peut servir de moyen à plusieurs fins.
« L'hétérogonie ». Le « polytélisme ». Quel parti en tire la société. La
multiplicité des fins qu'un même moyen permet d'atteindre l'aide à
résister aux forces de dispersion. La conjonction des valeurs.

Les valeurs se différencient. Économique ou esthétique, religieuse
ou morale, chaque espèce de valeurs tend à se constituer un
domaine propre, où elle règne en maîtresse. Elle arrive à recruter,
non seulement des clients, mais des patrons : des groupements
s'organisent pour la défendre ; des institutions se mettent à son
service.

Ce n'est pas à dire toutefois qu'entre ces sortes de royaumes
tous rapports soient rompus. Des coalitions restent possibles. Et
même elles sont la règle. Il est rare qu'on ne serve qu'une valeur
à l'exclusion de toute autre. Le voudrait-on, qu'il serait difficile
dans la pratique d'y réussir. Des répercussions se révèlent. Des
conjonctions s'établissent.

*
**

Pour comprendre ce nouvel aspect des rapports entre valeurs il
importe d'user d'une catégorie nouvelle : celle de la finalité. Il nous
faut préciser en quel sens et dans quels cas les valeurs peuvent
être considérées comme des moyens et comme des fins, si elles

---

1 SIMMEL : *Philosophie des Geldes* (Leipzig, Duncker, *1900*).
WUNDT : *Ethik* (Stuttgart, *1890*).
SPENCER : *Principes de Psychologie* (trad. fr. Paris, 1873).
GOBLET D'ALVIELLA : *La migration des symboles* (Paris, Leroux, 1891).
FERRERO : *Les lois psychologiques du symbolisme* (Paris, F. Alcan, 1895).
TYLOR : *La civilisation primitive* (Paris, Reinwald, 1876).

Célestin Bouglé

se laissent distinguer en valeurs-fins et valeurs-moyens, et quelles conséquences résultent, pour leur conjonction, de ces distinctions elles-mêmes.

Essayons d'écarter d'abord une objection qui peut se présenter à l'esprit du lecteur. Réintroduire en sociologie les considérations de finalité, n'est-ce pas risquer de perdre beaucoup du terrain gagné par la science ? Toute science positive se constitue, dit-on, en éliminant le finalisme. La sociologie n'a pas échappé à cette règle.

Certes, le premier mouvement, lorsqu'on veut s'expliquer une institution, un rite, un usage quelconque est de se demander quelles idées veulent réaliser ceux qui se plient à cet usage, accomplissent ce rite, respectent et font respecter cette institution. Mais l'expérience ne nous montre-t-elle pas, fort souvent, que ces idées sont variées, beaucoup plus variées que les formes auxquelles elles s'adaptent ? L'habitude collective s'impose. Et la justification que l'individu s'en donne à lui-même est plus ou moins arbitraire. Veut-on expliquer objectivement les choses sociales ? Il est sage de faire abstraction des fins que se proposent les consciences : servantes aveugles, bien souvent, de forces qui les dépassent.

La philosophie de l'histoire nous avait dès longtemps préparés à cette conception. Les théories qui expliquent le développement de l'histoire humaine par quelque finalité transcendante – par la volonté d'un Dieu, par la puissance d'une idée qui travaille à prendre corps dans le monde – sont par là même amenées à diminuer la part de la finalité consciente : n'est-il pas naturel que les buts que les hommes s'assignent coïncident rarement avec les vraies causes du mouvement historique, puisque les hommes sont menés ? « Il n'y a point de puissance humaine, déclarait Bossuet, qui ne serve malgré elle d'autres desseins que les siens. »

Lorsque tombe l'hypothèse de la puissance transcendante, gardienne d'un dessein supérieur et ignoré des créatures, l'idée que les fins consciemment poursuivies par les hommes ont peu de valeur explicative garde sa force. L'évolutionnisme s'accommode aisément de ce scepticisme : qu'il s'agisse des transformations des sociétés ou de celles des espèces, les explications qui escomptent l'action des diverses formes de la concurrence et de la sélection tendent à nous montrer des résultats atteints qui n'ont pas été visés.

Chapitre V

Le matérialisme historique, de son côté, est volontiers anti-finaliste. Héritier de la philosophie hégélienne de l'histoire, dont il transpose les concepts, il montre à l'œuvre des forces économiques devant lesquelles les pensées des hommes pèsent peu. Les fins idéales que ceux-ci se proposent lui apparaissent comme autant d'illusions. Les *treibende Mächte* sont ailleurs. Le moteur est dans le sous-sol. Ainsi se constitue ce que M. Masaryk appelle l'illusionnisme, pièce maîtresse du matérialisme historique. La sociologie objective retiendrait et pousserait à l'extrême cette tendance : en refusant d'expliquer les institutions par des fins, elle achèverait l'élimination de l'anthropocentrisme.

La conclusion peut prêter à des équivoques. Il importe d'essayer de les dissiper. Ce serait une grave erreur que de lier le sort de la sociologie à celui de l'épiphénoménisme sous une forme quelconque : les représentations qui accompagnent l'activité des hommes, même lorsque ces représentations prennent la forme de fins, ne sont nullement pour nous ombres vaines ou feux follets, bref, apparences sans puissance.

Qu'on se défie des constructions que les individus édifient pour s'expliquer les institutions en face desquelles ils se trouvent, rien de plus naturel. Il n'y a pas de chances pour qu'une réflexion sans information tombe juste, *a priori*, sur les vraies raisons d'être des institutions ; et non pas seulement sur leurs origines, mais sur la fonction qu'elles accomplissent dans la société. Est-ce à dire pour autant que les idées que se font les hommes de l'organisation sociale sont de peu d'intérêt ? Hypothèse invraisemblable pour qui se souvient que la vraie réalité des sociétés est psychique, et que les idées sont d'abord des traits d'union. L'épiphénoménisme oublie trop aisément que traiter un fait d'apparence, ce n'est nullement le démontrer inexistant, ni inefficace. Apparences si l'on veut, les raisons que l'homme se donne pour justifier sa conduite ne sont pas elles-mêmes sans raisons : elles constituent. sans doute des apparences utiles. Elles ont comme telles un rôle à jouer, des fonctions à remplir, et parmi celles-ci, peut-être, précisément des fonctions sociales.

C'est ce dont la sociologie ne pouvait manquer de s'apercevoir par son progrès même, lorsque, limitant la tendance matérialiste, elle accordait une place de plus en plus large à l'étude des représentations

Célestin Bouglé

collectives. Quelque modification que l'effort des hommes pour penser en commun doive apporter aux attitudes de la pensée, il n'y a aucune raison pour que cet effort élimine la catégorie de la finalité. Tout au contraire, si une idée collective est avant tout, non pas seulement une idée partagée en fait par beaucoup d'esprits, mais une idée pratique, active, conquérante, une idée qui tend à s'imposer pour imprimer aux activités une orientation commune, il est naturel qu'elle revête le caractère d'un idéal, et rattache les normes qu'elle veut faire respecter à des fins qu'elle veut faire aimer.

C'en est assez pour justifier l'effort d'analyse auquel nous voulons nous livrer. Il n'est pas indifférent de savoir dans quels cas les catégories de fins et de moyens s'appliquent aux valeurs dont nous avons établi la réalité.

*
**

En est-il donc, parmi ces valeurs, auxquelles serait réservé le caractère de fins, qui seraient fins en soi, tandis que les autres ne seraient que moyens ?

Une tradition philosophique qui remonte à Kant tendrait à justifier cette distinction. La vertu serait fin en soi. À l'art appartiendrait la finalité sans fin : ce qui revient à dire, pour emprunter les formules d'Hamelin, qu'une activité esthétique se préoccupe moins des résultats à acquérir que des procédés à mettre en œuvre. Le souci des résultats, obtenus aux moindres rais, caractériserait l'activité technique et économique : les valeurs de son ressort seraient donc, comme dit M. Urban, « instrumentales » : elles ne constitueraient, comparées aux autres, que des ensembles de moyens.

Distinction sujette à caution, croyons-nous. Dans la réalité psychosociale les choses sont moins tranchées. Les valeurs morales, par exemple, ne sont pas toujours estimées pour elles-mêmes. On n'apprécie pas seulement dans un acte de vertu l'effort personnel qu'il coûte, mais les divers bienfaits sociaux qu'il est capable de procurer. La charité n'a-t-elle pas été dépréciée par l'évocation des gaspillages qu'elle entraîne ou des dégradations qu'elle entretient lorsque son action s'exerce au hasard ? En même temps, pour faire aimer la solidarité, on fait volontiers espérer que par son entremise sera sauvegardée, non seulement la justice sociale, mais la prospérité nationale. D'ailleurs, où elle n'est pas appréciée comme un instrument de vitalité collective, la vertu n'est-elle pas souvent traitée comme une assurance de salut personnel ? Dans un cas comme dans l'autre, les valeurs morales sont ramenées au rang de moyens.

Inversement, est-il rare que les valeurs économiques soient promues au rang de fins ? Une valeur se présente comme une fin lorsqu'elle met un terme à la série des « pourquoi » justificateurs de l'action ; lorsque, sans en demander davantage, nous limitons notre ambition à la posséder. Le conseil que l'on prête à Guizot : « Enrichissez-vous » ne se présente sans doute pas comme un impératif catégorique : la perspective de satisfactions variées que la richesse peut procurer éveille par elle-même toutes sortes d'émotions prêtes à se transformer en impulsions. Mais la variété même des satisfactions possibles donne à ce moyen quasi-universel un relief tout spécial. Dans un certain état de civilisation, il tend à devenir la clef qui ouvre presque toutes les serrures. C'est pourquoi on désire la richesse sans avoir besoin de se représenter la série diverse des achats qu'elle permettra. On la désire dans l'abstrait, comme si elle était une fin en soi. Dans *sa Philosophie de l'Or*, G. Simmel a ingénieusement analysé la situation privilégiée que donne à l'or l'indétermination même des satisfactions qu'il peut procurer et la possibilité de choisir entre elles. En un sens, l'or est l'outil par excellence, le moyen pur : c'est précisément pourquoi il passe au premier plan du désir, et, concentrant sur lui la multitude des efforts, s'érige en fin dominatrice.

Au surplus, cette sorte de promotion des valeurs économiques n'est elle-même qu'un cas particulier d'une loi plus générale, la loi du *transfert* qui gouverne toute notre vie sentimentale.

On sait que la chose la plus insignifiante en elle-même peut devenir par accident, en raison des émotions auxquelles elle aura été mêlée, un vrai fétiche. Il y a des gens, remarque Spencer, pour qui le cri du corbeau, souvent entendu dans la splendeur des crépuscules, garde en lui-même un charme tout particulier. Le moindre objet dont s'est servi un grand homme reste comme imprégné de son prestige. À *fortiori* une cause dont la représentation est normalement liée aux effets qu'on en escompte retient sur elle quelque chose de l'attrait qui s'attachait originellement à ces effets. C'est pourquoi

Célestin Bouglé

l'instrument devient en soi cause de satisfactions. On jouit de la propriété sans l'usage. Il ne faut pas croire que ces sortes de reports soient le monopole de l'avare, qui jouit de son or en se refusant toutes les jouissances dont les possibilités évoquées rendent l'or désirable. À des degrés divers, de pareils déplacements d'intérêts sont de règle dans toute la vie sociale. Telle forme d'art n'a pu naître qu'à l'ombre des temples. Elle servait des fins religieuses. L'amateur d'aujourd'hui les oublie ; il goûte l'art pour l'art. De même certains caractères prisent le pouvoir pour le pouvoir, abstraction faite des « réalisations » diverses qu'il permet. D'autres défendent la liberté pour la liberté, sans arrêter leur attention sur les divers progrès, ou économiques, ou moraux que l'usage de la liberté favorise : elle est désormais à leurs yeux une valeur-fin.

N'est-ce pas par des transferts de ce genre que pourrait s'expliquer la dignité supérieure dont la pensée même est revêtue ? Un être qui ne naît pas tout adapté à l'univers, et qui pour y survivre ne peut se fier aux seuls instincts – c'est précisément le destin de l'homme – a besoin à chaque instant de prévoir, de discerner entre phénomènes variables et phénomènes constants, pour pouvoir continuer ses activités en conséquence. Tout divers qu'ils soient, et en raison même de leur diversité, les problèmes que lui pose sa vie réclament de lui la mise en œuvre de l'intelligence : elle est la puissance à chaque instant appelée à fonctionner, pour répondre aux demandes des situations nouvelles. Organe universel, donc, qu'un exercice incessant développe, complique, raffine et dont la culture doit quelque jour s'imposer, par la force des choses, comme désirable en elle-même. Une réflexion philosophique pourra sans doute protester contre cette explication évolutionniste : faisant effort pour déchirer le voile des apparences, refusant de se laisser prendre au déroulement du temps, elle protestera que ce qui est premier dans l'ordre chronologique, n'est pas forcément premier dans l'ordre ontologique : si l'être est posé par la pensée, la grandeur de celle-ci ne saurait donc être une résultante de l'histoire, mais ceux-là mêmes qui sont capables de saisir, par une sorte de retournement, la réalité éternelle de l'esprit, devront reconnaître que, pour prendre rang parmi les valeurs sociales reconnues, il n'est pas inutile qu'il ait fait ses preuves, et développé ses puissances dans l'action, en répondant aux réquisitions de la vie. Comment

Chapitre V

une plante si frêle réussira-t-elle à percer la broussaille des instincts et à devenir le grand arbre aux branches étendues où se posent les idées ? C'est une question de ce genre que se pose Auguste Comte en méditant sur les destinées de la raison humaine, si humble à l'origine, si puissante après des siècles. Les processus psychologiques qui transforment un moyen universel en une fin supérieure ne sont sans doute pas étrangers à cette ascension de l'esprit.

*
**

Le déroulement de l'histoire nous laisse d'ailleurs apercevoir d'autres transformations que celles-là. Il ne se vérifie pas seulement que les moyens se transforment en fins. On voit un même moyen servir successivement à plusieurs fins. C'est ce que Wundt a proposé d'appeler *l'hétérogonie*.

L'instrument garde ici son rang d'instrument. Mais on en tire, selon les temps, un effet ou un autre. Les repas qui accompagnent les funérailles ne sont plus guère que des actes de civilité : la famille du mort met son amour-propre à offrir aux voisins cette sorte de compensation pour le dérangement qu'ils se sont imposé. Or on sait qu'originellement ces repas étaient une véritable communion, à laquelle le mort lui-même était censé participer. Le pourboire, primitivement le coup de l'étrier de l'hôte, est lui aussi par ses fins premières un acte religieux : fins remplacées, aujourd'hui par le désir de tenir son rang, de marquer sa générosité, d'éviter quelque affront. Combien de prescriptions rituelles, lorsque la croyance qui les justifiait a disparu, ne sont-elles pas conservées pour quelque raison d'hygiène ! À l'intérieur même du monde religieux des substitutions ne sont pas rares. Les cultes vivent plus longtemps que les croyances et s'adaptent à des fins nouvelles. Tel symbole servait à honorer un dieu, qui passe au service d'un autre. L'Horus des Égyptiens – le Soleil-Levant représenté par un nouveau-né qui se suce le doigt – devient l'Harpocrate des Grecs, dieu du silence. Mercure Criophore se mue en Bon Pasteur. De la roue solaire des Aborigènes de l'Inde, les Bouddhistes font la roue de la Loi. Transportons-nous de ces temps lointains à l'époque contemporaine, et de la religion à la pédagogie : nous verrons les défenseurs de l'éducation gréco-latine en attendre des bénéfices tout à fait différents de ceux dont rêvaient les premiers qui l'ont instituée. Ainsi l'humanité, économe, passe son temps à verser le vin nouveau dans de vieilles outres.

Tactique spontanée qui entraîne plus d'une importante conséquence. Elle permet en particulier ce qu'on pourrait appeler l'accommodation des résidus en histoire. Une institution, un rite, une méthode peuvent avoir perdu leur premier objet : si on leur prête un objet nouveau, on leur rend du coup une raison de durer. Et sans doute, il y a dans l'organisation sociale des choses qui semblent durer d'elles-mêmes par une sorte de vitesse acquise. La force de la tradition comme telle, est une des caractéristiques des sociétés humaines. « Cela se fait, parce que cela s'est toujours fait. » Ainsi, s'expliqueraient ce qu'on appelle les survivances. La croyance qui justifiait telle cérémonie a disparu : la cérémonie subsiste. Nos sociétés seraient encore semées, selon Tylor, de ces bornes-témoins : nombre des obligations dressées sur notre route s'expliquent par des idées d'autrefois, Il importerait d'ajouter que souvent une idée nouvelle vient remplacer, comme principe de justification, l'idée ancienne. Tylor lui-même ne le reconnaissait-il pas lorsqu'il parlait des « survivances partielles » ? Il désignait ainsi « tout cet ensemble de cas « nous offrant de vieilles habitudes assez bien composées pour qu'on en « puisse saisir l'origine, quoique, en prenant une forme nouvelle, ces mêmes choses « se soient adaptées si bien à leur milieu nouveau, qu'elles y gardent leur place par « leur propre valeur ». L'hétérogonie des fins est l'un des procédés qui rendent possible cette adaptation.

Il peut d'ailleurs arriver qu'aux yeux d'un certain nombre des serviteurs de l'institution ou des conservateurs du rite la fin ancienne garde sa valeur, tandis que pour d'autres, la fin nouvelle prime. Alors, dans un même groupement, on voit pour ainsi dire des siècles coexister : tels esprits en sont restés à une phase de la civilisation depuis longtemps dépassée par d'autres. Leurs montres ne marquent pas la même heure. Ils demeurent pourtant, ceux qui sont en avance et ceux qui sont en retard, capables de se coaliser pour maintenir un usage, perpétuer une fête, sauvegarder un système d'idées. Aux yeux des uns, ces valeurs en commun sauvegardées sont des fins en soi ; aux yeux des autres, elles ne sont plus ou ne sont encore que des moyens. Les uns leur con-

Chapitre V

servent les fins religieuses qui sont leurs fins premières, d'autres leur assignent des fins politiques plus récemment conçues, d'autres des fins esthétiques, peut-être nées d'hier. Ainsi telle procession trouve, en dehors des fidèles qui la suivent, des équipes de défenseurs fort hétérodoxes. Il n'y a pas que des croyants, on le sait, à pleurer sur « la grande pitié des églises de France ». Des sentiments très modernes donnent ici la réplique à des sentiments très anciens. C'est dire que les diverses raisons de maintenir une institution, raisons qu'on nous montre naissant l'une après l'autre, sont loin de se chasser forcément l'une l'autre. Jeunes et vieilles, celles qui datent d'hier comme celles qui datent de vingt siècles, elles se tolèrent ; bien plus, elles s'entr'aident. Et la ronde bigarrée qu'elles forment entraîne les individus : les convergences de l'action triomphent de la résistance des pensées personnelles.

*

**

Ainsi nous trouvons-nous en présence du phénomène qui est peut-être le plus important pour notre objet : la coexistence de fins diverses au sein d'une même valeur. Il n'est pas vrai seulement que plusieurs fins, chacune à leur tour, puissent se servir d'un même moyen : elles peuvent l'utiliser simultanément. Il arrive que loin de se laisser monopoliser par une idée, un même mot en desserve plusieurs. Il cumule les sens. *Clef* est aujourd'hui un terme de musique aussi bien que de mécanique. Le mathématicien et l'agriculteur parlent de *racines*. *Base* sert à la chimie, à l'architecture, à l'art militaire.

Cette multiplicité des sens qu'un même mot peut présenter, c'est ce que les linguistes appellent « *polysémie* ».

Nous proposons d'appeler par analogie « polytélisme » la multiplicité des fins qu'un même moyen permet d'atteindre. Il y a là, croyons-nous, un phénomène dont les conséquences méritent d'être relevées par les sociologues. Non qu'il constitue, sans doute, un de ces faits centraux sur lesquels on peut espérer bâtir une théorie générale de la continuité et de la solidarité sociales. Mais, toute secondaire ou accessoire qu'elle puisse paraître, la conjonction des fins n'en contribue pas moins, pour sa part, à expliquer comment persistent, à travers tant de formes du progrès qui les menacent,

Célestin Bouglé

cette continuité et cette solidarité elles-mêmes. Le polytélisme est tout au moins, pour les sociétés civilisées, un accident heureux.

Un accident : on devine en quel sens nous l'entendons. Qu'un même moyen serve à plusieurs fins, ce n'est pas nécessaire. Le rapport de moyen à fin n'est que l'envers pratique du rapport de cause à effet. On conçoit qu'une cause ne produise qu'un effet et décharge son énergie entière dans un sens nettement déterminé. Mais ce cas idéal est loin d'être le cas normal. L'éparpillement de l'énergie est la règle. Le mouvement déclenché éveille dans les choses plus d'une propriété, met plusieurs lois en œuvre : par la simple raison que tout se tient et que la nature ne se plie pas sans résistance à notre volonté d'abstraction.

L'industrie connaît bien ces résistances, qui, par économie, s'applique à les surmonter ; son idéal est d'obtenir des sources d'énergie qui se laissent canaliser intégralement dans une catégorie d'effets. Un dégagement de chaleur accompagne la production de la lumière. Perte sèche, le plus souvent. Si l'on réussissait à dissocier ces deux phénomènes, ce serait un grand progrès. Multiplier les progrès de cette sorte par des dissociations croissantes, c'est assurément l'une des tâches de l'industrie moderne : elle travaille en ce sens à réaliser, pour l'amélioration de la pratique, les abstractions de la science. Elle spécialise, autant que faire se peut, la matière elle-même. Elle crée des outils adaptés à une œuvre unique. Elle recherche des moyens qui ne conviennent qu'à une fin.

Ce n'est pas à dire pour autant que le polytélisme soit étranger à l'industrie perfectionnée. Bien loin de là. Toute grande usine a aujourd'hui ses sous-produits. L'art d'accommoder les déchets de l'opération industrielle principale devient partie intégrante du métier de l'ingénieur-commerçant. L'effet surérogatoire passe ainsi au rang de fin accessoire. Ajoutons que le technicien a fort souvent, en règle générale, à se préoccuper de besoins divers qu'il veut satisfaire à la fois, utilisant à toutes fins les propriétés emmêlées des matériaux qu'il œuvre. Songeons seulement à la diversité des fins – hygiéniques, esthétiques, économiques – dont un architecte tient compte : il est heureux alors d'utiliser, au mieux qu'il peut, la multiplicité des effets.

De cette même multiplicité la société à son tour ne peut-elle tirer parti ? Ce n'est pas seulement dans l'ordre des choses matérielles qu'on voit une même cause déclencher plusieurs séries d'effets divergents. Un prétoire comme une usine a ses sous-produits. Le vêtement est à plusieurs fins : se réchauffer, se cacher, se parer, se distinguer. La religion et l'hygiène, la vie familiale et la vie civique trouvent leur compte au repos hebdomadaire. D'une institution, d'une habitude, d'un précepte, d'un jugement de valeur peuvent rayonner des influences variées ; plusieurs tendances à la fois en tireront satisfaction.

Ces coïncidences si fréquentes sont-elles sans importance sociale, et n'y a-t-il pas lieu de croire, bien plutôt, qu'elles aident les groupements à résister aux forces de dispersion ?

C'est dire que, à côté du processus que nous avons décrit : la *différenciation des valeurs,* il convient de faire une place à un processus de sens inverse, mais non d'importance moindre, *la conjonction des valeurs.*

Célestin Bouglé

Chapitre VI
Valeurs économiques et valeurs idéales [1]

Les valeurs économiques sont-elles, elles aussi, choses d'opinion ? Résistance des économistes. Beaucoup d'entre eux voudraient que leur science gardât un caractère mathématique, sinon matériel.

Les postulats de l'économie classique. La matière économique suppose toujours une forme juridique. L'intérêt personnel n'est pas le seul mobile de l'activité économique. Les intérêts collectifs. L'incorporation de l'idéal dans l'intérêt. L'action des milieux sociaux sur les « niveaux de vie ».

En quel sens les abstractions économiques demeurent utiles. Le problème de la bonne gestion. Un monde des valeurs économiques tend, par le progrès même du commerce et de l'industrie, à se constituer à part et vise à l'autonomie. Mais il continue d'être soumis aux réactions de la conscience collective.

Nous avons vu que les jugements de valeur, – qu'ils soient d'ordre esthétique ou religieux, économique ou moral, – expriment, non les rapports des choses entre elles, mais les rapports des choses avec les tendances humaines. Classer, coordonner, expliquer ces jugements, ce serait l'un des principaux objets de la sociologie. Elle introduirait ainsi, dans l'infini mouvant des désirs, un principe d'unité. Elle projetterait sur les problèmes anciens des clartés nouvelles.

---

1 *Journal des économistes*, 1908. – Tome XVIII, pages 108-121.
FR. SIMIAND.– *La méthode positive en science économique* (Paris, Alcan, 1912).
Sur la notion d'intérêt général, le livre le plus commode demeure celui de A. WAGNER, *Principes d'économie politique* (Trad. fr., BRIÈRE, Tome III). Sur les « niveaux de vie », voir HALBWACHS, *La classe ouvrière et les niveaux de vie* (Paris, F. Alcan, 1913). Le livre de M. ANSIAUX (*Traité d'économie politique*, Paris, Giard, 1920), fournit au chapitre IV une bonne discussion de « l'homme économique ».
Pour les rapports de l'économie politique et du droit, voir :
B. CROCE. - *Philosophie de la pratique* (Trad. fr., Paris, Alcan).
A. LÉVI. – *La société et l'ordre juridique* (Paris, Doin, 1911).
R. STAMMLER. – *Wirthschaft und Recht nach der materialistischen Geschichtsauffassung* (Leipzig, Voit,1896.)

Seulement, dès qu'on veut user de cette idée directrice et unificatrice, on se heurte à des obstacles. Le monde des valeurs a deux pôles. Le sentiment de la valeur a deux origines. La *valeur* c'est la vertu de l'homme capable de tous les sacrifices. Et, d'un autre côté, la *valeur* c'est le prix des choses au marché. Réalisme économique ici, et la, idéalisme moral. La distance paraît, au premier abord, difficile à franchir.

Les valeurs d'ordre économique ne sont-elles donc qu'une variété, qui prendrait place, dans le monde des valeurs, à côté de celles qui gouvernent l'art et la morale, le droit et la religion ? Ou bien constituent-elles un monde à part, sans commune mesure, décidément avec le premier ?

Beaucoup d'esprits semblent pencher pour la dernière alternative : beaucoup dans le camp des moralistes, beaucoup dans le camp des économistes.

On a déjà noté qu'un Kant refuse d'admettre que l'expression de valeur puisse convenir aux choses économiques et aux actes moraux. Les choses économiques, dit-il, peuvent avoir un prix et non pas une valeur en elles-mêmes, une valeur intérieure, une valeur en soi.

Le sentiment de, Kant n'est-il pas partagé par Höffding lorsqu'il dit, en parlant de la religion, que sa principale fonction est d'être gardienne des valeurs ? Il n'entend point par là les intérêts matériels chers à l'économie politique, mais bien plutôt tout ce qui les dépasse.

Si les moralistes semblent d'accord pour creuser le fossé entre les valeurs économiques et les valeurs idéales, les économistes, de leur côté, ne tiennent pas à ce qu'on rapproche trop étroitement les deux termes.

Cela s'explique par l'idée même que la plupart d'entre eux se font de leur science : la première des sciences sociales constituées, et sans doute la seule, à leurs yeux, solidement constituée, la science économique, est parmi les sciences sociales une espèce de physique, ou tout au moins de mathématique privilégiée, ce qui s'explique par la nature des valeurs dont elle traite. Les valeurs idéales, celles dont s'occupent l'histoire des religions, la science des mœurs ou de l'esthétique, les économistes reconnaîtront volontiers qu'elles sont choses d'opinion : sur ces valeurs-là, on peut remarquer assez facilement le reflet des idées qui dominent. Dans le monde des valeurs économiques, il en est autrement. Les valeurs économiques ont quelque chose de résistant, de solide, qui les rend analogues à des faits matériels : ces choses-là ne sont pas soumises aux fluctuations de l'opinion, mais à des lois immuables, analogues aux *lois* de la pesanteur. Ce sont rochers, semble-t-il, et non plus nuées.

C'est pourquoi, sans doute, pendant que les sociologues essaient de jeter des ponts et d'introduire un principe d'unité dans le monde des valeurs, nombre d'économistes, plus énergiquement encore que les moralistes, se retranchent sur leurs positions et revendiquent, pour leur science, une autonomie jalouse [1].

*
**

Au fond de la résistance que rencontre sur ce terrain l'effort des sociologues, deux idées principales se laissent reconnaître. La première est que le royaume de l'opinion est celui des fantaisies déréglées. La deuxième s'exprimerait ainsi : « Il n'y a de science que du matériel. »

---

1 L'opposition s'est trouvée exprimée de manière particulièrement frappante dans une séance de la Société d'Économie politique, du 4 avril 1908 (compte rendu publié dans le *Journal des Économistes*, 1908, t. XVIII, pages 108-121). L'objet de la discussion était : « De l'économie politique dans l'ensemble des sciences sociales. » M. Durkheim, assistant à la séance, s'était efforcé de montrer en quel sens les valeurs économiques sont, elles aussi, *choses d'opinion* ; ce qui permettait de rétablir entre la science économique et les autres sciences sociales, qui toutes s'occupent d'idéaux, une certaine continuité. La thèse fut très vivement battue en brèche.

« La science économique, rappelle M. Yves Guyot, a dégagé des vérités objectives aussi indépendantes des variations de l'opinion que les vérités mathématiques ou physiques. »

« La valeur, affirme de son côté M. Villey, est déterminée par des lois naturelles rigoureuses. » Et, après avoir rappelé le cas de la viande de porc, dépréciée en pays juif, et celui du poisson, vendu plus cher le vendredi en pays catholique, il ajoutait : « C'est toujours la loi de l'offre et de la demande, complètement indépendante de l'opinion, qui règle le prix de ces choses comme elle détermine toutes les valeurs. »

M. Leroy-Beaulieu concluait en constatant que l'*Économie politique est manifestement objective* au moins quant aux lois principales, et que ces lois sont immuables, quelles que soient les variations de l'opinion.

On a longtemps cru que pour conserver à l'économie politique son caractère de science, il fallait la laisser attachée aux choses. La richesse, son objet propre, ne se réduit-elle pas toujours-à des réalités matérielles, blé ou charbon, bois ou fer ? D'où la place éminente accordée dans les premières théories économiques, à la terre, réservoir de tous les matériaux et source, semblait-il, de toutes les valeurs. Il a fallu lutter – ce fut un des mérites de l'École française, de J.-B. Say en particulier – pour faire admettre que les services aussi, ceux du médecin, du professeur, de l'avocat sont créateurs de richesse. Les « produits immatériels » doivent compter à côté des autres dans le bilan des nations. Les capacités des individus ne sont pas moins productives que les propriétés de la terre. Ainsi l'attention était-elle ramenée des choses à l'homme et de la terre au travail.

Mais, l'homme même, par quel biais devra le considérer une économie scientifique ? À défaut de matérielle elle voudra rester mathématique. Ce qui l'intéressera dans l'homme, c'est le producteur d'énergie, et d'énergie transformable en objets échangeables. Et elle s'efforcera de ramener la valeur des objets à la quantité d'heures de travail fournies par le travailleur. En formulant cette théorie, Karl Marx continue Ricardo. Il entend offrir à la valeur le plus objectif des soubassements, puisqu'il montre en elle le produit d'une quantité – la quantité-travail – mesurable dans le temps.

Que la théorie – favorable à la propagande socialiste – soit loin de cadrer avec les faits économiques, ce n'est plus à démontrer aujourd'hui. Karl Marx lui-même le reconnaissait implicitement dans le dernier volume du Capital : il est impossible, si l'on veut mesurer la valeur réelle des produits, de faire abstraction de la demande. Tout le travail du monde peut être incorporé dans un objet ; si le désir des hommes s'en détourne, son avilissement est sans remède comme sans limite. La valeur n'est pas seulement, ni surtout, fonction du travail : elle est fonction du désir. Et avec le désir, toutes sortes de variables ne vont-elles pas rentrer, pour lui faire perdre sa rigueur de science quasi matérielle, dans l'économie politique.

Une espérance reste à ceux qui veulent lui garder son privilège dans le monde des sciences sociales. Ils tiendront compte de la demande, mais dans son rapport avec l'offre. Et ainsi, en faisant

Célestin Bouglé

leur problème central de l'établissement des prix, ils l'expliqueront par un rapport entre des forces de sens contraires, assimilables selon eux à des forces mécaniques. Que le nombre des acheteurs augmente, la valeur du produit augmente. Si c'est le nombre des vendeurs qui augmente, cette valeur diminue. On peut donc aboutir à des formules comme celle-ci : « La valeur d'un produit est en raison directe du nombre des acheteurs et en raison inverse du nombre des vendeurs. » L'intérêt personnel que poursuivent les uns et les autres est le seul mobile que l'économie politique veuille connaître. Pour établir de pareilles lois, il suffit de supposer que chacun des individus présents sur le marché cherche à réaliser le maximum de profit avec le minimum de frais ; pas d'autre mobile que l'intérêt personnel et matériel. Dès lors, les hommes sont, en effet, assimilables à des forces de sens parallèles ou contraires. Et l'économie politique peut garder le caractère d'une sorte de mécanique supérieure qui établit une statique éternelle indépendante des mouvements de l'opinion.

*

**

Que vaut cette prétention ? Dans quelle mesure s'accorde-t-elle avec ce que la sociologie peut nous apprendre touchant les rapports de l'individu avec la société et ceux de l'intérêt matériel avec les représentations collectives ?

On nous présente la loi de l'offre et de la demande comme une sorte de loi naturelle analogue à celle qui régit l'équilibre des liquides, universelle et permanente. Il convient d'observer d'abord que cette loi est loin de se vérifier dans n'importe quel milieu : elle suppose, pour fonctionner, des conditions de fait très déterminées. Cela est vrai sans doute en quelque mesure de toute loi scientifique, puisque toute loi scientifique est abstraction. Même les lois de l'équilibre des liquides ne se vérifient que dans certaines conditions de température. Mais combien plus complexes celles qui sont nécessaires à l'établissement des équilibres conçus par l'économiste ! Dans le livre où il oppose, à la méthode déductive, la *méthode positive en science économique,* M. F. Simiand le note avec toute la netteté désirable : « La théorie de l'échange ou du marché contient en elle-même des implications sociales. Elle est si peu indépendante de tout état social que, au contraire, elle suppose un état social tellement avancé et spécial que, même dans nos sociétés contemporaines où l'évolution économique a produit les milieux les plus développés et les plus spécialisés en ce sens, il ne s'est pas encore trouvé être complètement réalisé. Non seulement cette théorie suppose une appropriation préalable, une propriété susceptible d'aliénation à la volonté du propriétaire, l'institution du contrat par accord des volontés et spécialement du contrat d'échange et de vente, mais encore, et ceci a été, je crois, moins remarqué, cette théorie implique, pour arriver à établir quelque chose, une certaine condition économique des échangistes, ou au moins de l'un d'entre eux, très particulière ou très dépendante d'un certain état social. N'implique-t-elle pas, en effet, nécessairement, que deux échangistes en présence « aboutissent à conclure » (sinon elle ne mènerait à rien) ? Mais cela est une hypothèse toute gratuite et illégitime si l'on ne suppose pas que l'un au moins des échangistes est tenu, pour une raison ou pour une autre, d'aboutir, et cette raison ne peut provenir, pour lui, que d'une certaine condition économique, dépendante d'un état social déterminé et plus exactement encore d'un certain état de la répartition. »

Ces institutions, et les institutions qui les rendent possibles se rencontrent-elles dans tous les temps et dans tous les pays ? Il s'en faut de beaucoup. La conception de ces marchés libres, chers à l'économie classique, avec leurs concurrents et leurs échangistes animés de la seule idée de réaliser le maximum de profit personnel par le minimum de frais, est-ce une idée qui pouvait naître ailleurs que dans l'Occident moderne ? Un économiste hindou, M. Ranade, observe que presque aucun des postulats de notre économie politique ne paraît cadrer avec la vie économique de son pays, la solidarité intérieure de chaque caste, comme les répulsions qui les séparent les unes des autres, suffiraient à empêcher le niveau des prix de s'établir par le seul intermédiaire de la libre concurrence et le libre accord des individus. Bien loin de planer au-dessus des institutions, la loi de l'offre et de la demande suppose, pour produire ses effets rationnels, l'existence d'un certain nombre d'institutions assez spéciales.

Au vrai, la matière économique suppose toujours une forme juridique. La force qui pousse à la production et à l'échange apparaît toujours endiguée, canalisée, comme la « houille blanche » elle-même. Vendeurs et acheteurs sont tenus de se plier à certaines règles. L'acte économique ne doit-il pas d'abord rentrer dans la catégorie des actes licites ? Sans quoi il faudrait accorder, comme l'indique un philosophe plein d'humour, M. Sageret, que l'acte économique par excellence, c'est le vol. L'*homo œconomicus* ne peut agir normalement que comme *homo juridicus*. Les mobiles qui poussent au maximum de profit par le minimum de frais sont eux-mêmes comme déviés par un prisme, qui est le système juridique. Et s'il est vrai que ce système soit une cristallisation des croyances d'une société, si le droit traduit pour une part les tendances de l'idéal collectif, on comprend que par cette voie déjà la société, aussi libre qu'on suppose le marché lui-même presse sur l'individu et oriente l'idée qu'il se fait des valeurs.

Les deux notions par lesquelles on définit le mobile économique sont d'ailleurs singulièrement étroites : intérêt matériel et intérêt personnel. Dans la réalité, des intérêts plus hauts et plus larges entrent en ligne de compte. Le grand mérite de la *National Oekonomie*, réagissant contre le cosmopolitisme en même temps que contre l'individualisme de la doctrine classique, est d'avoir mis en lumière l'existence d'intérêts proprement collectifs, et spécialement l'existence d'intérêts nationaux. Il est, sans doute, plus facile de les sentir que de les définir avec précision. Les êtres collectifs aussi ont besoin d'acquérir et de conserver ce qui leur est nécessaire pour durer. Mais qu'est-ce qui fait durer un être collectif en tant que tel ? Un certain nombre de rapports permanents, entre les individus qui passent, définissent sa structure. Les fonctions qui maintiennent ces rapports sont donc des fonctions vitales. Et qui les remplit tient un rôle de particulière importance. C'est pourquoi De Bonald classait au premier rang dans la hiérarchie sociale les professions qui contribuent, de près ou de loin, à l'organisation de l'État. Les gardiens de l'ordre étaient, à ses yeux, au regard des intérêts collectifs, les véritables producteurs, la production proprement dite restant affaire domestique.

Conception trop étroite à n'en pas douter ; les conditions de la vie collective ne sont pas seulement formelles, mais substantielles. La sauvegarde des intérêts matériels communs au groupe que forment les individus exige des mesures spéciales. Il y a longtemps

Chapitre VI

que Cournot le faisait observer : on n'exploite pas une forêt de la même façon suivant qu'on vise les intérêts privés ou les intérêts collectifs. Tout ce qui est service public à base matérielle constitue un centre d'organisation économique qui a des exigences propres. Une ville a intérêt à avoir de l'eau pure en quantité suffisante et les opérations à longue échéance qu'elle mène en conséquence sont différentes de celles que suggérerait l'intérêt personnel. À plus forte raison, une nation doit-elle s'assurer de quoi vivre comme nation. L'interdépendance des nations modernes, que la grande industrie, de son infatigable navette, ne cesse de rendre chaque jour plus étroite, n'empêche pas la légitimité, la nécessité du point de vue national en matière de production et d'échange. Vainement les écrivains de *Clarté* protestent-ils qu'il n'y a que deux sortes d'intérêts : l'individuel et l'humain. Pas d'affirmation plus contraire aux faits dans la réalité d'aujourd'hui. Un économiste a lancé cette boutade : « À l'époque où nous vivons, une nation qui n'a pas de charbon à sa disposition peut-elle encore être une nation ? » Il indiquait ainsi qu'un minimum d'indépendance économique est condition de l'indépendance politique elle-même.

Une nation possède donc, elle aussi, des intérêts matériels : et l'intérêt individuel n'est pas le seul à considérer si l'on veut comprendre le mouvement des valeurs économiques. Mais surtout, qu'il s'agisse d'un individu ou d'une nation, la catégorie d'intérêts matériels est trop étroite pour couvrir tous les faits.

Il y a longtemps qu'on a essayé de corriger ou de compléter la psychologie de *l'homo œconomicus*. L'analyse à laquelle se livre A. Wagner à ce propos, dans ses *Fondements de l'économie politique*, est souvent citée. À côté de la recherche de l'avantage proprement économique, remarque-t-il, il faut faire entrer en ligne de compte celle des récompenses, celle de l'honneur, celle de l'activité aimée pour elle-même, celle, enfin, des satisfactions de la conscience. Veut-on d'ailleurs une critique plus ample et plus approfondie du mercantilisme classique ? Qu'on relise Fourier. L'organisation complexe de son phalanstère n'est que la traduction extérieure de la diversité des mobiles qu'il découvre dans les âmes. L'inventeur de la *cabaliste*, de la *composite,* de la *papillonne,* entend faire une place au désir de lutter comme à celui de se grouper, au plaisir de se spécialiser comme à celui de varier ses occupations. À la théorie

Célestin Bouglé

classique, étroite et sèche, il oppose ainsi le plus riche inventaire qu'on ait jamais dressé des virtualités humaines.

Il n'est pas inutile, pour comprendre l'action que la société peut exercer sur l'individu, de se représenter cette richesse. L'homme est loin d'être en tout et pour tout un calculateur matérialiste. Dans les intérêts qui le meuvent nombre d'idéaux s'incorporent : ainsi s'explique qu'il soit accessible à toutes sortes d'attractions ou de pressions. Attractions ou pressions qui varient d'ailleurs selon les sociétés, et qui, par conséquent, ont des chances de traduire leurs aspirations propres. Sur ce point, la pensée de Fourier devait être complétée. C'est encore de la nature humaine, en général, qu'il nous offre le portrait. Les mobiles qu'il analyse, il les présente comme de tous les temps et de tous les pays. Il restait à montrer comment les milieux sociaux divers agissent sur ces mobiles, comprimant les uns, stimulant les autres. Un des services qu'a rendus la sociologie est de mettre ces rapports en lumière.

À vrai dire, c'est surtout dans les sociétés primitives que ces influences ont été méthodiquement étudiées jusqu'ici et c'est leur aspect négatif qui a frappé d'abord. Il y a longtemps que Lubbock a remarqué que, contrairement aux idées chères au XVIIIᵉ siècle, le sauvage est chargé de chaînes. Il vit bourrelé de scrupules, dans un monde où pullulent les interdictions. Les *tabous* lui défendent de toucher, comme sacrés pour lui, nombre d'animaux, d'objets, d'outils. Autant d'entraves au désir, autant d'obstacles dressés sur le chemin de l'activité économique par ces croyances où les représentations collectives prennent une forme spécialement impérieuse. Elles empêchent que l'on puisse consommer ce qu'on veut ou produire comme on veut.

Il faudrait pourtant se garder de croire que la religion n'est pour la vie économique qu'un pouvoir paralysant. Sa protection a été bienfaisante à plus d'une invention précieuse. Frazer ne fait-il pas remonter au totémisme – qui interdit que l'on tue, sauf en des jours solennels, l'animal-ancêtre – l'origine de la domestication des animaux, qui devait donner à l'homme tant de compagnons utiles ? D'une façon plus générale, les rites suscitent et conservent plus d'une technique. Les idées que les hommes se font du monde sacré ne leur rendent donc pas le seul service de déposer dans leurs âmes de communs scrupules, éléments primordiaux de la morale :

Chapitre VI

les valeurs religieuses sont aussi créatrices de valeurs économiques.

Que d'ailleurs l'emprise de ces croyances perde de sa force et de son étendue, comme il arrive dans nombre de civilisations, cela ne signifie pas pour autant que l'âme de l'homme va se trouver envahie par le seul souci de l'intérêt matériel. La société garde plus d'un moyen d'agir sur lui. Abstraction faite des croyances, la coutume demeure longtemps tyrannique. Sans mettre en jeu la crainte des dieux, il y a nombre de manières de consommer, voire de manières de produire, qu'elle frappe d'interdit. Lorsque d'ailleurs l'influence de la mode vient limiter celle de la coutume et que, comme l'indique Tarde, le prestige des ancêtres est contrebattu par le prestige de l'étranger, l'individu est-il davantage livré à ses seuls calculs ? Désir de ressembler et désir de se distinguer, voilà deux forces de sens contraire qui suscitent et détruisent des valeurs sans nombre. Quand les barrières ont commencé à s'abaisser entre les classes, le désir des inférieurs est de diminuer les distances sociales et celui des supérieurs est de les maintenir. Il suffit donc qu'une mode soit adoptée en bas pour qu'elle soit rejetée en haut. D'où le mouvement perpétuel des valeurs qui correspond, non pas aux intérêts matériels des individus, mais à des sentiments de classe.

Il arrive d'ailleurs souvent, même dans les sociétés de type démocratique, que chaque classe conserve ses idées propres sur la hiérarchie des besoins et, par suite, sur celle des valeurs. On a pu montrer que les genres « d'économies » varient suivant qu'il s'agit de bourgeois, de petits bourgeois, d'employés, d'ouvriers. Ceux-ci, par exemple, même lorsque leur salaire leur laisse plus de latitude, seraient portés, selon M. Halbwachs, en raison même des habitudes que leur inculque leur rôle dans la production, à accorder moins à la dépense-logement et plus à la dépense-alimentation.

Une chose est sûre en tous cas, c'est que le *niveau de vie* est par-dessus tout *affaire d'opinion*.

Les physiologistes peuvent établir scientifiquement ce qui est nécessaire à l'entretien de la vie. Ce n'est pas sur leurs calculs que se fondent, dans les débats sociaux, les revendications des uns ou les concessions des autres. Les déshérités réclament non pas seulement le minimum vital, mais ce qu'ils appellent de plus en plus fréquemment un *minimum décent*. L'expression

Célestin Bouglé

est caractéristique ; elle rappelle qu'il s'agit moins d'exigences naturelles que d'exigences rationnelles : le rationnel étant d'ailleurs ici ce que la conscience collective d'un pays et d'un temps, prise à témoin, considère comme devant s'imposer. L'Australie a institué des commissions qui fixent le salaire vital. Le déterminent-elles seulement en fonction des besoins «matériels» ? Elles prévoient une quotité non pas seulement pour la nourriture, le logement, l'habillement, mais pour les voyages, les spectacles, les soins médicaux, le culte religieux. Pareilles estimations supposent l'entente faite sur un certain nombre de jugements de valeur qui n'ont rien de spécifiquement économique, et qui cependant exercent une influence capitale sur les modes et les taux de la consommation, sur les frais de la production, sur les conditions des échanges.

Cette discussion peut se résumer en quelques thèses principales.

Dans la détermination des valeurs, les services entrent en ligne de compte à côté des biens ; l'effort de l'homme à côté des propriétés des choses. Il ne suffit pas d'ailleurs, pour mesurer les valeurs, de supputer le travail qui y est incorporé. Il ne suffit pas non plus de les présenter comme résultant d'un rapport entre deux forces quasi mécaniques, l'offre et la demande ; la loi de l'offre et de la demande suppose elle-même, pour, fonctionner, un certain état du droit qui marque les limites imposées par l'idéal moral aux appétits économiques. Il y a, au surplus, d'autres besoins que les besoins matériels, d'autres intérêts que les intérêts individuels ; la collectivité, par divers systèmes d'attraction et de pression, oriente, en des sens inattendus pour l'économiste, les désirs des individus.

En ce sens, on peut soutenir que les valeurs économiques elles-mêmes sont affaires d'opinion, étant entendu que l'opinion dont on parle alors n'est nullement chose instable et fantaisie arbitraire : c'est l'ensemble des idées et des sentiments qui s'impose dans un pays et dans un temps à la conscience collective et s'exprime par des jugements de valeur impératifs, représentatifs d'idéaux, eux-mêmes en rapport avec la structure de la société. Les valeurs ainsi comprises sont l'objet essentiel de la sociologie.

*

**

Est-ce donc à dire qu'il convienne de résorber l'économie politique

Chapitre VI

dans la sociologie, comme le voulait Auguste Comte, et que les théories proprement économiques n'aient plus aucun rôle à jouer ?

Ces théories reposent sur des abstractions. Mais ces abstractions ne sont pas inutiles à la science. Et d'ailleurs elles cadrent, dans l'évolution sociale, avec une part de plus en plus large de la réalité. C'est ce qui nous reste à établir.

L'homo œconomicus n'est qu'un idéal simplificateur. Dans les faits, sous la pression de l'atmosphère sociale, toutes sortes de fins s'entre-croisent avec la fin proprement économique. Et c'est pourquoi ni l'intérêt individuel ni l'intérêt matériel ne sont la mesure unique des valeurs. Les sociologues n'ont pas tort d'insister sur ce correctif. Mais les économistes ne sont-ils pas en droit de faire observer que la complexité des faits n'interdit nullement au chercheur, pour dégager les lois, de se placer à un « point de vue » particulier ?

Dans les sciences de la matière, n'est-on pas habitué, pour étudier les formes géométriques, à faire abstraction des propriétés physiques, ou pour déterminer les lois physiques, à faire abstraction des propriétés chimiques ?

Pour donner d'ailleurs aux catégories économiques toute leur universalité, il conviendrait de les définir en effet par la forme plus que par la matière. Fins économiques et fins idéales ne se laissent pas séparer comme des pommes qu'on répartirait en deux paniers. L'économie politique étudie avant tout des manières d'agir qui peuvent s'appliquer à des objets comme profiter à des sujets très différents. On a proposé d'appeler système caritatif l'ensemble des institutions philanthropiques : celles-ci se proposent, non de réaliser des bénéfices, mais de soulager des misères. Mais un établissement destiné au soulagement de la misère peut, son but fixé une fois, l'atteindre à plus ou moins de frais. Tel hôpital périclite par le coulage ; tel autre obtient le maximum de rendement des activités qu'il emploie. Dans le monde de l'art lui-même ces préoccupations ne gardent-elles pas leur droit ? Il y a pour un sculpteur une façon « économique » non seulement d'utiliser les matériaux, mais de répartir les tâches entre les praticiens. Même pour un atelier d'artiste, temple de l'esthétique, le problème de la bonne gestion se pose.

Célestin Bouglé

Le profil de la bonne gestion peut d'ailleurs aller, soit à une individualité, soit à une collectivité, à une société d'actionnaires, à un syndicat, à une nation. Il y a des personnalités économiques très diverses par l'étendue, la complexité, les attributs. Les unes et les autres se placent au point de vue économique quand elles cherchent, quelles que soient leurs fins dernières, à atteindre ces fins par la voie la plus directe, avec le minimum de frais.

Si tel est bien le point de vue propre à l'économiste, on comprend qu'il lui advienne presque inévitablement de mêler les genres, et d'apparaître comme un donneur de conseils en même temps que comme un bâtisseur de lois. Anomalie, observe M. Simiand : on ne voit pas ordinairement les sciences bondir ainsi des explications aux prescriptions, du positif au normatif. Mais l'abstraction même dont, l'économiste use lui suggère cette tentation. Il constate que les sujets économiques, individuels ou collectifs, cherchent normalement à atteindre leurs fins par les voies les plus directes, en tirant des activités qu'ils mettent en jeu le maximum de rendement. Or, cette volonté ne lui apparaît pas toujours consciente d'elle-même, ni sûre de ses moyens. Connaissant mieux les incidences, il a envie de redresser les efforts, de remettre producteurs, consommateurs, échangistes, dans la bonne voie, de leur dire : « Si vous voulez vraiment agir en « hommes économiques », voici le moyen d'obtenir le maximum de profits par le minimum de frais, voici les conditions qui déterminent la différence maxima entre la satisfaction des besoins par la consommation des biens et le travail nécessaire à la production de ces biens. »

Concepts tout relatifs, dira-t-on : ils ne gardent de valeur, ils ne prennent même de sens que dans un monde où la recherche du profit par le maximum de rendement est méthodiquement organisée. Et c'est pourquoi F. Rauh pouvait écrire : « L'homo *œconomicus* » n'appartient pas à la psychologie : c'est un type social et historique, celui des capitalistes des temps modernes, dans une société fondée sur l'échange, l'économie monnayée, le crédit. »

La remarque appelle elle-même des réserves. Si l'on veut donner de l'activité économique une définition formelle – comme Durkheim, insistant moins sur le contenu que sur le caractère impératif des représentations collectives qui servent de noyaux aux dogmes, a donné une définition formelle de la vie religieuse

Chapitre VI

– il faut convenir que les catégories économiques débordent le système des institutions capitalistes.

À la limite on pourrait soutenir qu'elles débordent la vie matérielle elle-même. Des expressions comme celles de « démonstration économique » ne sont-elles pas fréquemment employées en géométrie ? On appelle ainsi les démonstrations qui, pour aboutir, emploient le moins d'hypothèses, imaginent le moins de constructions : celles qui par suite, chargeant peu l'esprit, lui demandent le minimum d'effort et lui laissent en quelque sorte le maximum de disponibilités. Le principe d'économie, comme dit Mach, a donc son rôle à jouer dans l'organisation des efforts intellectuels et l'édification des théories scientifiques : et il apparaît ici que l'économique, entendu au sens large, voisine avec le rationnel.

Descendons-nous du ciel sur la terre, revenons-nous de la vie intellectuelle à la vie matérielle, nous devrons accorder que le mobile économique trouve à fonctionner en dehors du système complexe constitué par l'organisation des échanges. Ne pourrait-on à la rigueur en concevoir le fonctionnement en dehors de toute la vie sociale ? Il est très exact que Robinson, dans sa solitude, rien qu'en rangeant dans son abri les denrées, les produits, les instruments dont il dispose, peut employer ou non une méthode économique : s'il plaçait au fond les objets dont il a le plus souvent besoin, il s'imposerait des efforts inutiles, il augmenterait vis-à-vis de lui-même ce que l'on peut appeler, si l'on veut, ses frais de production. Surchargés comme nous l'avons vu de croyances inhibitrices, ou cédant à leurs instincts de nonchalance, tels primitifs pourront mettre très longtemps à s'élever à la notion de ce qu'il faut faire pour augmenter le rendement et diminuer l'effort. Il est vraisemblable pourtant qu'ils ne restent pas, sur ce point, absolument fermés aux résultats de tant d'expériences pratiques qui constituent la vie de tous les jours. Le geste du potier ou celui du forgeron, qui changent de main pour prolonger plus longtemps leur effort, celui de la femme qui ramasse, pour les utiliser le lendemain, les restes du repas, sont déjà des gestes économiques.

Ces concessions n'empêchent qu'il reste beaucoup de vrai dans la thèse qui dénonce une étroite liaison entre les principes de *l'homo œconomicus* et les institutions des sociétés modernes occidentales.

Célestin Bouglé

Dans ce milieu spécialement favorable, préparé par toutes les transformations que la puissance croissante de l'industrie et du commerce imposent aux esprits comme aux choses, les mobiles proprement économiques se montrent à nu. Il faut qu'il y ait organisation complexe de l'échange, et extension du crédit, et production en vue d'une clientèle indéterminée, pour que la notion du profit et des frais passe au premier plan de l'attention collective. Dès lors un monde des valeurs économiques se constitue à part, servi par tout un ensemble d'organes spéciaux. Sous le réseau des institutions politiques et des règles juridiques, modifié sans doute par elles mais aussi les modifiant, un système économique se développe, qui de plus en plus prend pour fin, en effet, le rendement maximum des activités humaines. Des critères entrent enjeu, très différents de ceux dont usent la religion, l'art, la morale. Entre valeurs idéales et valeurs économiques, le fossé s'élargit. Et ainsi s'explique l'hésitation des moralistes à admettre dans une même classification des valeurs, à côté de leurs normes prestigieuses, l'espèce de mécanique chère aux économistes. La querelle des économistes et des moralistes ramène donc notre attention sur une des tendances de l'évolution sociale que notre analyse a déjà rencontrée : c'est la tendance à la dissociation des valeurs.

Les valeurs se dissocient. Les hommes dans les sociétés primitives semblent peu capables de se placer pour juger les choses et les gens, à des points de vue divers : esthétique, moral, religieux ou économique. Cette capacité croit chez eux avec la civilisation. Ses complications mêmes rendent les distinctions nécessaires, et ainsi chaque monde de valeurs conquiert peu à peu son autonomie. L'art, la morale, la technique se libèrent chacun à sa façon.

Cela signifie-t-il qu'entre ces divers systèmes de valeurs tous rapports cessent ? Loin de là. Qui sert un maître se vante quelquefois de servir les autres par surcroît. Sur ce terrain aussi il y a des « incidences », et il y a des « sous-produits ». Il arrive que la religion et l'art par exemple, ou l'art et la morale conjuguent, leurs efforts. Bref, à côté de la tendance à la dissociation une tendance à la conjonction opère dans le monde des valeurs. Or, les rapports qui s'instituent, entre valeurs économiques et valeurs idéales donnent une première idée des formes que celle-ci peut prendre.

*

Chapitre VI

**

Vers l'autonomie, disions-nous, évolue le système d'institutions et d'idées qui s'est constitué pour servir les mobiles proprement économiques. Mais les apologistes de ce système ne se sont pas contentés de le louer de ce qu'il pousse l'humanité vers le rendement maximum. Pendant longtemps ce fut un article de foi que les vœux de l'économie politique s'harmonisaient spontanément avec ceux de la morale. L'une comme l'autre enseignent la meilleure des solidarités. Qu'est-ce que la propriété sinon la récompense du travail ? Et qu'est-ce que l'échange sinon un bénéfice double, chacun des deux échangistes ayant intérêt à livrer ce dont l'autre a besoin ? Des thèses comme celles-là, si souvent reprises par Bastiat et ses disciples, témoignaient du désir de prouver que les valeurs économiques sont après tout les meilleures servantes des valeurs idéales.

Il est remarquable que de pareilles « conjonctions » sont postulées, non pas seulement par les économistes libéraux, mais par ceux qui sont les véritables ancêtres du socialisme : nous voulons dire les saint-simoniens. Lyriques de l'industrialisme ils nous font admirer, comme générateurs de toutes sortes de progrès divers, les progrès accomplis par l'art d'exploiter le globe. Ils croient l'industrie capable non seulement de multiplier les valeurs matérielles, mais de créer de nouvelles valeurs morales en haussant au premier plan les producteurs. Ils comptent, pour une régénération de l'humanité, sur l'organisation de la production.

Seulement, encore faut-il que la production soit « organisée » en effet. Si la direction en est laissée à l'initiative d'individus cherchant au hasard leur plus grand profit personnel, n'y a-t-il pas trop de chances pour que l'industrie n'apporte pas au plus grand nombre les bienfaits qu'on en attend ?

C'est sur ce point qu'on voit le plus clairement l'économie sociale se séparer de l'économie politique proprement dite. Préoccupée des répercussions exercées sur les hommes, et spécialement sur les ouvriers par les institutions et les mœurs qui servent la multiplication des richesses, l'économie sociale fait observer que la mécanique économique du monde moderne exclut une immense foule d'êtres humains du cercle des valeurs qui donnent son prix

Célestin Bouglé

à l'humanité : pour beaucoup, la culture est-elle autre chose qu'un blanc sommet à jamais inaccessible, et la liberté une amphore vide ? Depuis Sismondi et les diverses équipes de socialistes français d'avant 1848, la démonstration a été cent fois reprise. Ne reparaît-elle pas aujourd'hui sous la plume d'un Waller-Rathenau ? Ils sont maintenant rares et ils prêchent dans le désert ceux qui pensent qu'il faut laisser faire, laisser passer les lois économiques, « aussi bonnes qu'inéluctables », pour que tout soit pour le mieux dans la plus riche et la plus juste des humanités. L'opinion prévaut, au contraire, qu'il importe de défendre systématiquement les valeurs idéales contre l'emprise des valeurs économiques. Un rude effort d'organisation rationnelle reste à faire pour que le travail humain, comme il est dit dans le Traité de Paix, ne puisse plus être traité comme une marchandise.

L'évolution qui pousse à ces conclusions, Hector Denis la définissait en disant que de plus en plus l'économie politique se subordonne à la morale. À la prendre à la lettre, la formule serait inexacte. Elle tendrait à faire croire que la subordination en question est un fait tout récent. Elle nous ferait oublier le poids dont les valeurs idéales ont pesé pendant des siècles sur les valeurs économiques, et, en particulier, les influences diverses, parfois adjuvantes, souvent entravantes, que les croyances religieuses, génératrices de scrupules moraux, ont exercé sur la production ou l'échange.

Ce qui est vrai, c'est que ce système, profitant du mouvement de différenciation progressive des valeurs, a travaillé à se désentraver. Nombre d'institutions ont été modifiées ou créées de toutes pièces pour favoriser le rendement maximum de l'effort humain appliqué à la matière. Et on a pu croire un moment que cette libération était suffisante pour mettre à la portée de tous toutes les valeurs caractéristiques de la civilisation. Ce qui revient à dire qu'on croyait à une conjonction spontanée des diverses espèces de valeurs.

L'expérience paraît avoir prouvé que les choses ne s'harmonisaient pas toutes seules et que force est d'intervenir, au nom des droits de l'humanité, dans le mécanisme économique. Ce qu'on peut exprimer en disant que la morale s'efforce de réagir contre l'économie politique. Gardons-nous seulement de présenter cette réaction comme une nouveauté sous le soleil. Les croyances collectives ont

Chapitre VI

longtemps, sous toutes les formes que nous avons rappelées, agi sur les mobiles économiques. Et, au surplus, cette action n'a jamais cessé : même sous le régime le plus libéral qu'on puisse rêver, croit-on que l'économie politique « pure » gouverne jamais la réalité sociale tout entière ? Seulement, d'autres « opinions » que celles qui régnaient au temps où le laisser-faire passait pour le remède à tous les maux, ont pris, sous le double effet de la propagande démocratique et des expériences économiques, un croissant empire. Après la secousse de la guerre, ces opinions ne pouvaient que se redresser plus impérieuses et comme plus irritées. D'où l'immense effort de réorganisation que l'humanité mène en tant de pays ; effort non moins tragique et, à y bien regarder, non moins grandiose que les batailles. d'hier.

Célestin Bouglé

Chapitre VII
Valeurs religieuses et Valeurs morales [1]

L'importance actuelle de la question. Si la morale dérive originellement et dépend essentiellement de la religion. Diversité des réponses. Comment expliquer cette diversité même. Les définitions de la religion. La théorie de Durkheim. Le premier modèle des forces sacrées est dans les forces spéciales qui se dégagent de la communion des consciences. Le but dernier de tous les rites est la régénération morale des groupes. Quels rapports les prescriptions rituelles contiennent originellement avec les impératifs moraux. Il y a pourtant des instincts moraux et même des consignes morales qui ne se rattachent pas aux croyances religieuses. Les obligations qui ne sont pas d'origine religieuse se multiplient avec la civilisation. La laïcisation des droits et des devoirs.

Détacher la morale des croyances religieuses, n'est-ce pas la priver de toute sève, et la réduire bientôt à l'état de branche morte ?

La question est toujours posée. Avant la guerre, « au temps où les Français ne s'aimaient pas » – comme dit un de ceux qui dépensaient le plus de talent, alors, pour les irriter les uns contre les autres - quelles sévères campagnes furent menées contre le « laïcisme », on ne l'a pas oublié. Dissolution des mœurs, relâchement de la discipline, accroissement de l'alcoolisme et de la criminalité, déchéance de la race et diminution de la population, tout s'expliquait, semblait-il, le plus logiquement du monde, par une invention satanique : l'École « sans Dieu », qui prétendait enseigner une morale indépendante des confessions religieuses.

1 DURKHEIM : Les Formes élémentaires de la vie religieuse. Le système totémique en Australie (Paris, Alcan, 1912). Définition des phénomènes religieux (dans l'Année sociologique, t. II).

F. PÉCAUT : Émile Durkheim (dans la Revue pédagogique de janvier 1918).

F. Buisson : La religion, la science et la morale (Paris, Fishbacher, 1900).

BELOT : Une théorie nouvelle de la religion (dans la Revue philosophique, 1913).

P. LAPIE : Pour la raison (Paris, Rieder, 1921).

WESTERMARCK : The origin and development of the moral ideas (Londres, MacMillan, 1908).

Religions et morales (1 vol. de la Bibliothèque des Sciences sociales. Paris, Alcan, 1909).

J. LEUBA : La psychologie des phénomènes religieux (Paris, Alcan, 1914).

N'allait-on pas jusqu'à afficher sur les murs qu'elle était la véritable école du crime ? Beaucoup de nos voisins, – en Espagne comme en Belgique – tenaient la chose pour amplement démontrée. Et il nous souvient qu'au deuxième congrès d'Éducation morale, à La Haye, les universitaires français eurent toutes les peines du monde à sauvegarder un minimum d'autonomie pour la morale.

La guerre a passé. Et il a pu paraître d'abord qu'elle avait comme noyé cette vieille querelle. La grande « dégénérée », celle qu'on plaignait ou vilipendait comme la victime des expériences républicaines, la France enfin, ne s'était pas si mal tenue sous le feu. Et les élèves de l'école laïque, l'immense majorité de ses combattants, – à qui leurs maîtres eurent à cœur de donner l'exemple après le précepte – avaient fait assez belle figure sur la Marne ou à Verdun. On ne pouvait que s'incliner et saluer bien bas, en confessant qu'on avait tout au moins exagéré le mal et calomnié « Maître Aliboron ». De pareilles résipiscences comptèrent parmi les plus beaux gains de l'Union sacrée.

Mais le vent tourne, dirait-on. Et plus d'un, parmi nos adversaires d'hier, travaille à regagner discrètement le terrain trop généreusement cédé. On fait témoigner, de divers côtés, la « génération sacrifiée ». Et souvent on affirme que ses vrais maîtres eussent été un Péguy ou un Psichari, aimés moins encore pour le talent déployé que pour la foi retrouvée. Au surplus, si viennent à manquer ces retentissantes conversions *coram populo*, qui sont des manières d'événements politiques en même temps que littéraires, on sera heureux de noter que, dans la foule anonyme, les repentis ne sont pas rares. Quelques « âmes nouvelles » [1] – des âmes d'instituteurs – n'ont-elles pas révélé comment, par le spectacle de la guerre elle-même, par ses sublimités comme par ses horreurs, on peut être ramené au pied des autels ? Qui sait si ces cinq ou six maîtres primaires, redevenus des fidèles pour avoir été des guerriers, ne sont pas le premier groupe d'une procession qui va s'allonger indéfiniment ?

À cette procession, nos frères retrouvés, Alsaciens ou Lorrains, fourniraient volontiers, sans doute, de gros contingents ? On sait quelle peine ils ont à admettre que le maître d'école ne commence pas la classe par une prière. Il est remarquable d'ailleurs qu'au

1 C'est le titre du livre de P. VESSIÈRE.

Célestin Bouglé

récent Congrès d'Oxford, où les philosophes alliés se sont assemblés pour discuter, à côté du problème des nationalités, celui des rapports de la religion et de la morale, la majorité des membres du « Symposium » paraissait d'avis que la morale ne pouvait se passer de religion.

N'en doutons pas : de pareils témoignages vont être, comme disait Brunetière naguère, méthodiquement « utilisés ». Et par suite, après la guerre comme avant, sinon plus qu'avant, l'école laïque va avoir à se justifier, à défendre son principe, à prouver qu'un enseignement neutre en matière de religion n'est pas fatalement nul, ni *a fortiori* générateur de crimes. Les canons se sont tus ; le dialogue va reprendre. Nous allons les entendre, comme avant, les deux sons de cloches qu'il est si difficile, à ce qu'il paraît, d'harmoniser.

Serait-il du moins possible d'éclairer le terrain de la lutte, sinon de départager les lutteurs, en faisant intervenir les résultats de nos recherches sur l'évolution des valeurs ?

De savoir si la morale dérive originellement, et continue à dépendre essentiellement de la religion, c'est une question à laquelle on devrait pouvoir répondre par des observations. Il y a des gens qui collectionnent et coordonnent les observations de ce genre : ethnographes et sociologues. Si nous les écoutions ?

*

**

Mais, d'abord, quelle cacophonie, avouons-le, et comme il paraît difficile, à la première audition, de mettre d'accord tant de témoignages discordants !

« Tous les commandements moraux, déclare Wundt dans son *Éthique*, ont originairement le caractère de commandements religieux ». Caird, de son côté, dans *l'Évolution de la Religion* : « Aux premières périodes religion et moralité sont nécessairement corrélatives. » Et Pfeiderer (*Place et développement de la Religion*) : « Les débuts de toute moralité se trouvent dans la religion. » Robertson Smith et Jevons eussent souscrit sans doute à ces formules.

Mais Westermarck n'en tombe pas d'accord. Dans son livre si riche sur les *Origines et le développement des idées morales*, il fait

Chapitre VII

observer que la fonction de gardiens de la morale n'a été assignée aux dieux que très tardivement, et que selon de nombreux voyageurs la religion, dans les tribus qu'ils ont étudiées, n'a rien à voir avec la réglementation des rapports des hommes entre eux. Irving King, dans le *Développement de la Religion,* n'accorde de même aux croyances religieuses, dans la formation des coutumes morales, qu'un rôle secondaire.

Goblet d'Alviella, de son côté, déclare « pencher vers l'indépendance originaire de la religion et de la morale proprement dite ». Ed. Meyer, dans son *Histoire de* l'Antiquité, écrit : « Le droit et la morale sont des pouvoirs autonomes qui ont, aussi bien que toute civilisation matérielle, un principe entièrement indépendant de la religion et peuvent, sans elle, persister inaltérés. »

Chez nous enfin, l'un de ceux qui ont contribué à rénover, dans leur enseignement à l'École des Hautes Études, l'histoire des religions par les recherches de psychologie primitive, Léon Marillier, refuse nettement de rattacher la morale à la religion.

Il est vrai que notre école sociologique prend une position tout autre. Le directeur de l'*Année Sociologique,* Durkheim, écrivait, pour expliquer la large place accordée dans le recueil à l'étude des phénomènes religieux : « C'est qu'ils sont le germe d'où tous les autres, ou du moins presque tous les autres, sont dérivés. La religion contient en elle, dès le principe, mais à l'état confus, tous les éléments qui, en se dissociant, en se combinant de mille manières avec eux-mêmes, ont donné naissance aux diverses manifestations de la vie collective. C'est des mythes et des légendes que sont sorties la science et la poésie ; c'est de l'ornemantique religieuse et des cérémonies du culte que sont sortis les arts plastiques ; le droit et la morale sont nés des pratiques rituelles. On ne peut comprendre notre représentation du monde, nos conceptions philosophiques sur l'âme, sur la moralité, sur la vie, si on ne connaît les croyances religieuses qui en ont été la forme première. La parenté a commencé par être un lien essentiellement religieux ; la peine, le contrat, le don, l'hommage sont des transformations du sacrifice expiatoire, contractuel, communiel, honoraire, etc. »

De toutes les formes de l'activité et de la pensée humaines, celle qui garde la plus profonde empreinte de la religion, c'est assurément

Célestin Bouglé

la morale. On ne peut rien comprendre à l'impératif catégorique, selon Durkheim, si l'on ne sait comment se constituent et comment s'imposent ces représentations collectives qui sont l'armature de la religion.

À qui entendre ? Où les uns disent dépendance et dérivation, les autres répondent autonomie ou même antériorité de la morale. Comment et sur quels points concilier ces opinions antithétiques ?

*

**

S'il y a de telles divergences entre les opinions de nos auteurs, c'est sans doute, d'abord, que leurs champs d'observation sont différents. Mais c'est surtout qu'ils ne se servent pas des mêmes cadres. Sous les deux mots qu'on entrechoque comme des boucliers, *religion* et *morale*, ils ne placent pas les mêmes idées. Il n'est pas étonnant que les conclusions diffèrent, quand on ne s'entend pas sur les définitions.

Le difficile en pareille matière, est d'éviter la définition personnelle, celle qui ne convient qu'aux expériences, religieuses ou morales, que l'auteur a pu mener dans son pays et dans son temps ; muni de cadres aussi étroits, on risque naturellement de laisser échapper nombre de faits et d'en défigurer d'autres. Quand on s'interroge chez nous et de nos jours sur les rapports de la religion, ou entend le plus souvent par la religion la croyance à un Dieu unique et personnel, dont la plus haute fonction est de faire respecter l'idéal qu'il incarne, en récompensant ceux qui ont obéi, et en punissant ceux qui ont désobéi à ses prescriptions. Pareille croyance n'est-elle pas, ajoute-t-on, l'axe désigné et comme le pilier d'airain de toute vie morale ?

Ceux qui adoptent cette conclusion ne tiennent pas, d'ordinaire, à la généraliser : ils n'étendent pas volontiers, aux religions en général, le bénéfice qu'ils revendiquent pour celle qui leur est familière. N'est-ce pas le plus souvent à cause de l'appui qu'elle prête à leur conscience morale qu'ils lui sont attachés ? D'où la tendance, si naturelle, à réclamer pour l'église où l'on a installé son âme une sorte de monopole en matière de moralité. Le catholique plaint ou raille le protestant : à la religion réformée manque ce principe d'ordre, d'unité, de discipline qui est si réconfortant pour la conscience. Le protestant raille ou plaint le catholique : où règne le Pape manque ce sentiment d'autonomie sans lequel la vie morale n'est qu'un vain conformisme. D'ailleurs, catholiques ou protestants, les chrétiens s'accordent généralement à penser que, chez les « païens », la religion est plutôt un agent de démoralisation. Sur ce point la tradition des missionnaires ne convergeait-elle pas avec celle des philosophes du XVIIIᵉ siècle? Ceux-ci, forcés de cacher leur main, comme disait Voltaire, et de ne pas attaquer la religion chrétienne en face, se réjouissaient d'imputer à la religion des non-chrétiens toutes sortes de bizarreries, de barbaries, de crimes de lèse-humanité.

À vrai dire, dans ce monde même des religions où si longtemps les prétentions au monopole moral se sont entre-heurtées, des rapprochements inattendus se sont opérés sous nos yeux. Un ennemi commun a fait ce miracle. Devant, le progrès du rationalisme indépendant, les croyants venus de tous les points de l'horizon religieux ont voulu oublier ce qui les séparait si gravement hier. Un Parlement des religions a tenu ses assises à Chicago, et il a revendiqué pour les fois très diverses dont il rassemblait les fidèles, – pour le bouddhisme et l'islamisme aussi bien que pour le protestantisme et le catholicisme – le commun privilège de surélever les consciences.

Certaines croyances pourtant restaient exclues de cette communion : celles précisément dont l'étude semblait devoir aider à résoudre les questions d'origine ; celles des peuples primitifs ou « non-civilisés ». Aux grandes religions qui, sur la foi d'un révélateur, ont cherché des prosélytes par-dessus les barrières des nations ou des empires, on conservait le nom *d'éthique* ; les autres, écloses et encloses dans l'enceinte des tribus, étaient appelées *naturistes*. On semblait accorder par là que les croyances primitives, personnifiant les forces de la nature à qui elles attribuaient les caprices les plus redoutables et que parfois elles honoraient par les rites les plus cruels, se souciaient peu de fournir une orientation morale à l'activité humaine.

Cette distinction, à son tour, a dû céder devant le progrès de la science des religions. Lorsque celle-ci a eu les coudées franches et, coalisée avec la sociologie, s'est débarrassée de « prénotions » suggérées par des préférences traditionnelles, on a reconnu

Célestin Bouglé

la nécessité d'élargir les concepts à la mesure de la variété des faits. La religion implique-t-elle seulement l'idée d'une divinité quelconque ? Bouddhisme et Jaïnisme, qui sont des religions sans dieux, sont les preuves vivantes du contraire. Ce n'est pas moins mutiler l'histoire que de lier le sentiment religieux au sentiment de l'infini, du mystère, du surnaturel : tous sentiments qui supposent, pour la dépasser, une notion du déterminisme naturel qui ne se cristallise qu'assez tard. Il y a religion, en réalité, partout où un monde sacré est nettement distingué d'un monde profane ; partout où des rites ont pour objet de réglementer les communications entre ces deux mondes ; partout où des mythes se greffent sur ces rites et, participant à leur autorité spéciale, gardent quelque chose de leur caractère impératif ; partout enfin où, pour assurer l'accomplissement de ces pratiques et le respect de ces croyances, une communauté morale, une Église se constitue.

Les définitions que propose ainsi Durkheim sont des définitions *formelles* qui conviennent aussi bien, comme on voit, aux religions dites naturistes qu'aux religions éthiques, et embrassent à la fois le catholicisme et le totémisme. Il nous sera donc permis de rechercher dans les institutions dont celui-ci est le centre, et qui se rencontrent dans le plus grand nombre des sociétés primitives, les formes élémentaires de la vie religieuse et ses rapports originels avec la vie morale.

*

**

Il n'est plus d'esprit cultivé aujourd'hui qui ignore le *Totem*. Ce vocable algonkin est en train de conquérir son droit de cité dans toutes les langues européennes. Tout le monde a peu ou prou entendu parler de ces clans, américains ou australiens, qui ont la singulière idée de prendre, comme signe de ralliement, l'image d'un être, le plus souvent un animal, auquel leurs membres se tiennent pour bel et bien apparentés. L'aigle et le lièvre, le kangourou et l'émeu, le serpent noir et le kakatoès blanc deviennent ainsi de véritables chefs de famille. Ceux qui appartiennent à cette famille particulière gardent sur l'animal-parent une sorte de droit de propriété : il y a des cas, par exemple, où nul étranger peut le chasser sans leur permission. En même temps, ils sont liés à l'espèce

Chapitre VII

par tout un réseau de devoirs. Ont-ils à tuer un de ses membres ? Ils commencent par lui en demander pardon humblement. Et si l'espèce est comestible, ou bien ils s'abstiennent d'en manger, ou ils n'en mangent qu'à de certains jours, après des précautions spéciales.

Que voyez-vous donc là, demandera-t-on, de religieux ? Pratiques magiques, soit. Désir de se concilier les bonnes grâces d'une espèce animale, peut-être, ou d'esquiver tel danger en s'assimilant à elle. C'est à cette interprétation que se tient aujourd'hui, semble-t-il, l'éminent ethnographe Frazer. Mais, entre ces assimilations enfantines et les grandes constructions auxquelles nous ont habitués les religions hindoues ou gréco-romaines, juives ou chrétiennes, quelle commune mesure ?

Toutefois, reprenons un à un les caractères généraux dont nous nous sommes servis pour définir la religion. En est-il un qui manque aux sociétés totémiques ?

Pour simple qu'il soit, le système totémique entraîne toute une escorte de croyances et de rites auxquels il ne semble point qu'on ait accordé jusqu'ici une attention assez sympathique. L'Arunta ou le Waramunga qui se disent et se sentent parents du Faucon ou de l'Eau ne se représentent pas, sans doute, quelque dieu personnel et universel qui réclamerait leurs prières. Mais ils croient à l'existence de forces vagues, impersonnelles et anonymes, – ce que les Sioux appellent le *Wakan* et les Mélanésiens le *Mana* – forces qui, se posant en quelque sorte sur les choses et les êtres, leur prêtent mouvement et vie. Ces forces s'arrêtent, se logent, s'incarnent dans l'animal-totem. De génération en génération, le totem est censé se réincarner. Aussi apparaît-il bientôt comme l'ancêtre divinisé, sorte d'esprit générateur. Et le principe qui émane de lui pour animer les corps, les précédant, leur survivant, les débordant quoiqu'il loge en eux, n'est-il pas la première ébauche de l'âme ? Un monde sacré se dresse ainsi en face du monde profane. Et, dans les rites qui s'organisent pour permettre les contacts à la fois dangereux et régénérateurs entre les deux mondes, – par exemple dans les fameuses cérémonies australiennes de l'*Intichiuma* – ne reconnaît-on pas le rudiment de ces sacrifices, communions et oblations, qui garderont une si grande place dans les religions les plus complexes ?

Célestin Bouglé

Il y a plus : ces mythes et ces rites primitifs laissent entrevoir peut-être, à travers leurs branches emmêlées, la source profonde du sentiment religieux ; n'est-ce pas dans la société même qu'il la faut chercher ?

De ces forces sacrées, de nature spirituelle, dont l'homme se sent enveloppé et dominé, où trouver le modèle sinon dans ces forces spéciales qui se dégagent de la communion des consciences ? La puissance qu'elles engendrent en se rassemblant et en s'organisant n'est-elle pas le type de ces puissances à la fois contraignantes et bienfaisantes, impérieuses et secourables, devant lesquelles on s'incline avec un sentiment mêlé de terreur et d'amour ? L'être social est, par excellence, celui qui, en lui imposant un idéal, insuffle une âme à l'individu : il est en même temps celui qui a besoin d'être régénéré périodiquement par l'exaltation des individus assemblés. Rapportez le sacrifice à la société : vous comprenez aussitôt la double fin de l'institution, aussi nécessaire à la vie du dieu qu'à celle du fidèle. Le thème premier de tous les mythes, c'est le rapport des forces individuelles aux forces collectives. Le but dernier de tous les rites c'est la régénération morale des groupes.

Notons qu'en expliquant ainsi la religion, Durkheim pense vraiment en avoir retrouvé les titres. Il la fonde en raison sociale. On se tromperait du tout au tout à croire que s'il rapproche les grandes religions prosélytiques de cette religion inférieure et élémentaire qu'est celle des Australiens, c'est pour le malin plaisir d'humilier, en les assimilant aux sauvages, les croyants de chez nous. La tactique a été plus d'une fois employée. Elle n'est pas encore aujourd'hui abandonnée par tout le monde. Mais Durkheim, pour sa part, ne se prête pas à ce jeu. Rien n'est plus éloigné de son esprit que l'esprit voltairien. Et précisément ce qu'il reproche aux théories des ethnographes ou des philologues, ses prédécesseurs, qu'ils soient animistes ou naturistes, c'est qu'elles sentent encore le XVIIIe siècle. Tylor dérive la croyance à l'âme du besoin qu'éprouve l'homme de s'expliquer ses rêves. Max Müller voit naître la croyance aux dieux de ces métaphores équivoques dont l'homme est si prodigue, lorsqu'il commence à manier l'outil précieux et dangereux du langage. Mais l'une et l'autre explication, selon Durkheim, tendent à déprécier la religion ; l'une et l'autre n'y voient qu'images hallucinatoires, produits d'interprétations délirantes. Comment

Chapitre VII

de pareilles illusions auraient-elles pu durer et tenir un si grand rôle historique ? On s'explique au contraire la durée, on comprend le grand rôle des croyances et des pratiques religieuses si on les interprète sociologiquement, si l'on se représente les besoins spéciaux qu'elles servent, et la réalité supérieure qu'elles traduisent.

*

**

Telle étant l'essence sociale de la religion, il serait étonnant qu'elle ne soutînt pas avec les règles qui gouvernent la vie des hommes en société les plus étroits rapports.

Nous avons tôt fait, lorsque nous jetons les yeux sur ce monde primitif, de déclarer immorales ou amorales tant de pratiques que les croyances religieuses commandent. Sacrifices humains, mutilations volontaires, cultes obscènes, le musée des religions ne rassemble-t-il pas, en effet, la collection d'insanités et de barbaries que Voltaire dénonçait avec tant de véhémence ? Prenons garde seulement qu'il y ait danger à tout juger, en matière de morale, selon notre montre.

La foule des préceptes qui, dans les sociétés primitives, s'abritent derrière l'autorité des croyances religieuses, nous semble au premier abord assez mélangée. Certes, il en est beaucoup auxquels nous souscrivons : l'utilité qu'ils présentent pour le bien de la vie sociale nous apparaît clairement. Obéir aux vieillards, se montrer généreux avec ses amis, vivre en paix avec, ses voisins, éviter tout commerce avec les femmes des autres, tels sont, d'après M. Howitt, les prescriptions que leurs divinités imposent aux Australiens qu'il a observés. Les dieux des Andamans, de même, punissent le vol, le meurtre, l'adultère, la fausseté. Dans la *Tâche de Psyché*, M. Frazer, après avoir fait le compte de tout ce que les superstitions primitives coûtent à l'humanité, ajoute que, maintes fois, « la folie mystérieusement verse dans la raison ».

Sans les scrupules qu'engendrent tant de croyances qui nous paraissent bizarres, l'homme aurait-il été incliné si vite au respect de l'autorité ou à celui de la propriété, aurait-il compris le caractère sacré du lien conjugal ou même celui de la vie humaine ?

À côté de ces prescriptions où la morale, même à nos yeux, trouve son compte, beaucoup nous paraissent choquantes ou tout au moins indifférentes. La Bible elle-même ne nous donne-t-elle pas souvent pareille impression d'hétérogénéité ? « Si tu vois le bœuf ou la brebis de ton frère égaré, tu ne t'en détourneras point, tu ne manqueras pas de les ramener à ton frère », dit le Deutéronome. Admirable précepte de charité humaine. Mais, remarque M. S. Reinach, voici dans le même chapitre des préceptes d'un tout autre esprit : « Tu ne laboureras point avec un bœuf et un âne attelés ensemble. Tu ne t'habilleras point d'un tissu mélangé laine et lin ensemble. » Ainsi « une prescription de charité et d'honnêteté envers le prochain est placée exactement sur le même plan qu'un conseil relatif à la toilette personnelle et à la culture des champs ». De pareils mélanges sont la règle et non l'exception dans les sociétés primitives. Les dieux des Andamans, qu'on nous présente comme gardiens de la moralité, défendent au même titre que le vol ou le meurtre certains modes de découper la viande ou certaines confections de sortilèges à l'aide de cire. Pour les Australiens observés par M. Howitt, la consommation des nourritures interdites n'est pas un moindre péché que l'adultère.

D'où il faut conclure, non pas que la religion est indifférente à la morale, mais que les idées des sociétés primitives sur le bien et le mal sont différentes des nôtres : les *tabous* alimentaires – interdiction de toucher à telle chair ou à telle graine – sont à leurs yeux choses aussi graves que le manque de respect aux vieillards. Les règles sacrées du régime des castes imposent aux Hindous de même caste des devoirs d'assistance mutuelle : elles leur défendent avec la même autorité, comme un crime impardonnable, de manger en présence d'un étranger. Les deux espèces de prescriptions laissent, lorsqu'on les viole, le même sentiment de remords. Les unes et les autres font, au même titre, partie intégrante de la vie morale.

Au surplus, des prescriptions qui nous semblent moralement indifférentes servent à coup sûr, fût-ce par répercussion, la cause de la morale.

Grâce aux terreurs qu'inspirent les forces invisibles ou supérieures dont certains êtres ou certaines choses sont chargés comme d'une électricité spéciale, la force matérielle n'est pas la seule à régner ; elle rencontre des limites. Elle apprend à respecter le droit de l'absent ou du faible. Une paille placée au travers du seuil de la cabane, l'image d'un crocodile attaché avec un cordon rouge aux feuilles d'un arbre, font hésiter le voleur. Le scrupule entre dans les âmes et, avec lui, l'habitude de résister aux impulsions, de contenir les passions, habitude qui est une des conditions de la vie morale. De ce point de vue, les coutumes les plus choquantes pour notre humanité peuvent trouver une justification. Dans les *Origines magiques, de la Royauté*, après avoir décrit la cérémonie du royaume de Calicut, où l'on voit des gladiateurs se faire tuer sous les yeux du roi en faisant semblant de l'assaillir à travers des haies de lances, M. Frazer ajoute : « Durant les dix derniers jours de la fête, le même déploiement magnifique, de courage, le même stérile sacrifice de vies humaines se renouvelaient sans trêve. Qui peut dire cependant qu'aucun sacrifice soit absolument stérile s'il témoigne qu'il se trouve des hommes pour préférer l'honneur à la vie? » De façon plus générale, l'ascétisme, élément essentiel de la vie religieuse, n'est-il pas la meilleure des préparations à l'effort que toute vie morale exige ? Il reste vrai, remarque Durkheim, que c'est « par la manière dont il brave la douleur, que se manifeste le mieux la grandeur de l'homme ».

Veut-on d'ailleurs apprécier à leur juste mesure les services que les croyances et pratiques religieuses ont pu rendre à la morale ? Il faut faire entrer en ligne de compte non pas seulement les vertus qu'elle préconise ou les habitudes qu'elle inculque, mais, par-dessus tout, l'état de sentiment qu'elle développe.

Il n'y a pas de vie morale sans dualisme. Tout précepte impératif suppose, sous une forme ou une autre, ce que Pascal appelait la duplicité de l'homme. Chaque philosophie l'exprime à sa façon : une âme commande au corps, une raison ordonne à la sensibilité, une humanité mate l'animalité. Ces termes antithétiques sont comme les deux pôles du système des valeurs, grâce auquel peut s'établir une hiérarchie des types d'action. Or, l'antithèse-mère, celle qui est la plus lointaine origine de cette hiérarchie, n'est-ce pas précisément celle qui nous montre, comme séparés par un abîme, le monde sacré et le monde profane ? Sur cet abîme, à vrai dire, on peut jeter des ponts. Et ce sont justement les rites et les cérémonies qui permettent les communions régénératrices. Mais on n'entre jamais dans l'enclos sacré qu'avec toutes sortes d'égards, l'émoi sinon l'angoisse au cœur, tant les forces qui y circulent paraissent redoutables en même temps que bienfaisantes : et c'est là la racine de ce sentiment de respect qui fournit, remarque à son tour M. Loisy, son noyau à toute moralité.

Forces redoutables et bienfaisantes, disons-nous ; il importe de retenir les deux caractères à la fois. Les croyances religieuses traduisent, selon Durkheim, la puissance nouvelle qui naît du rapprochement des consciences. Cette puissance est coercitive, sans doute. Mais elle est en même temps adjuvante. Elle soutient en même temps qu'elle contient. L'individu ne se sent-il pas comme soulevé au-dessus de lui-même par la vague de l'émotion collective ? C'est pourquoi nous ne nous contenterons pas de dire avec S. Reinach que la religion est l'ensemble des scrupules qui font obstacle au libre exercice des facultés humaines. Le scrupule-obstacle, c'est une définition négative encore, pour ne pas dire péjorative. N'oublions pas le surplus de vitalité qui est le bienfait de toute association. Les âmes qui le sentent passer sur elles, ce souffle régénérateur, sans savoir au juste d'où il vient, comme s'il était le souffle de la grande bouche d'ombre qu'évoquait Hugo, y puisent une exaltation à base de reconnaissance et d'espérance qui les régénère. La religion, même la plus primitive, n'est pas seulement un système de freins, c'est aussi, pour reprendre le mot de Taine, une paire d'ailes. L'adoration mêle l'amour à la crainte. Et c'est pourquoi, sans doute, le Bien des moralistes conserve une double auréole : il est à la fois impérieux et attirant. Le Devoir exige qu'on s'incline devant lui ; l'Idéal peut et veut être aimé. Double preuve que la morale reflète la religion.

*

**

La construction à laquelle aboutit l'école sociologique ne manque pas de grandeur. Elle s'incorpore des observations nombreuses. Des idées qu'on a coutume d'opposer, elle les ajuste les unes aux autres en une théorie synthétique, à la fois audacieuse et réconciliante.

Est-ce à dire qu'elle ait, dès à présent, cause gagnée ? Et, d'autre part, si elle devait triompher, serait-on justifié à tirer de sa victoire cette conclusion : « Sans religion, plus de morale ? »

On devine avec quel malin plaisir certains esprits s'empresseraient d'opposer sur ce point le « sociologisme » au « laïcisme ».

Essayons donc d'établir ce que nous aurions à conserver des

Chapitre VII

objections que la théorie durkheimienne a suscitées. Ils ne sont pas rares ceux qui, tout en appréciant l'originalité et la fécondité de cette théorie, refusent d'admettre que tout dans la vie de l'esprit s'explique par la société et, en particulier, tout dans la vie morale, par la religion. Ils maintiennent que, à côté des croyances proprement religieuses, des forces de natures assez diverses peuvent concourir à la formation de la conscience morale.

À vrai dire, qu'il soit difficile de discerner ces forces dans la nuit des origines, ils en tombent d'accord. Non pas seulement parce qu'à cette distance tout se mêle pour nous, mais encore et surtout parce que pour l'âme primitive elle-même, rien n'est encore distinct. Séparer les points de vue, apprécier chacune à chacune les diverses espèces de valeurs – économiques ou politiques, esthétiques ou morales – c'est le propre du civilisé. L'âme du primitif résonne à tous les vents, de toutes ses cordes à la foi ; M. Lévy-Bruhl, pour essayer de nous faire comprendre les *fonctions mentales dans les sociétés inférieures,* nous propose de dire que la loi de participation y règne. Tous les genres se confondent. Un animal devient un homme et un homme un animal. Chaque être peut être à la fois lui-même et son contraire. L'esprit du primitif ne connaît pas de barrières. C'est pourquoi on le peut dire « prélogique ». Un observateur qui a longtemps vécu parmi les Cafres ne disait-il pas que la logique leur convient comme un habit à queue de pie ? Si cela est vrai dans l'ordre des jugements de réalité, à plus forte raison le sera-ce dans l'ordre des jugements de valeur. Ces catégories d'appréciations se laissent malaisément distinguer les unes des autres. La sentimentalité primitive est une véritable nébuleuse morale : les divers éléments, qui se différencient par la suite, y sont encore indistincts.

Que d'ailleurs, dans cette nébuleuse, la teinte religieuse l'emporte, cela n'a rien que de naturel. Si la participation des idées est si répandue dans les sociétés primitives, c'est sans doute parce que les hommes pensent alors collectivement plus encore qu'individuellement. Les croyances du groupe jouissent d'une autorité sans égale, tolèrent difficilement les divergences. Elles tendent à tout envahir. Il n'est donc pas étonnant que les critères quasiment universels du bien et du mal soient le plus souvent d'ordre religieux. C'est en fonction de la religion que choses et êtres

Célestin Bouglé

se trouvent normalement, évalués. Ce qui revient à accorder que la religion, à l'origine, domine tout. Est-ce à dire qu'elle crée tout ? Elle élève comme un ostensoir sa force spirituelle au-dessus des tendances naturelles des hommes. Est-ce à dire que toutes leurs tendances dérivent de leurs seules croyances ?

Il y a tout au moins une zone où il paraît bien que, dès l'origine, des forces indépendantes aient joué. C'est le royaume de la technique positive. Les mille procédés qu'emploient les hommes pour s'alimenter, se vêtir, se loger, impliquent un minimum de communication directe entre leur esprit et les choses. Certes, ici même, nous le verrons, les traditions impératives ne demeurent pas sans action. Les croyances pressent sur les techniques, parfois pour suggérer les inventions, le plus souvent pour les empêcher. L'homme n'est nullement libre d'agir à sa guise sur les choses mêmes. Il n'en reste pas moins qu'il apprend à connaître leurs propriétés en enregistrant, dans un coin vacant de son esprit, des résultats d'expériences. À la chasse, à la cuisine, à l'atelier, ne voit-on pas en exercice, demandait M. Belot, nombre d'activités techniques déjà « libres et profanes » ? C'est la preuve qu'il y a, même dans les sociétés primitives, un champ assez large où l'ombre de la religion ne s'étend pas.

Mais ce qu'on accordera assez facilement à l'activité technique, peut-être le refusera-t-on à l'activité morale. Avec celle-ci précisément, des scrupules interviennent que l'homme n'éprouverait pas vis-à-vis de la nature nue. Des valeurs entrent en ligne de compte, dont l'existence suppose qu'il y a un monde sacré. Comment comprendre ceci sans la religion ? Elle laisse faire la technique, soit ; mais quant à la morale, elle la tient et la retient sous sa coupe.

Que croyances religieuses et pratiques morales se présentent à nous, le plus souvent, comme étroitement agglutinées, cela n'est plus à contester, après tant de corrélations mises en lumière par les sociologues. Mais qui dit agglutination ne dit pas identité. Des tendances à qui les croyances apportent leur consécration peuvent cependant s'être formées en dehors de celles-ci, ou se développer d'elles-mêmes selon leur spontanéité propre. Il y aura une moralité post-religieuse. Il y a peut-être eu une moralité pré-religieuse.

Chapitre VII

Pour comprendre d'abord cette antériorité, il suffit de se rappeler la part que les instincts peuvent prendre à la formation de la moralité, et aussi les exemples que le monde animal offre au monde humain. La religion est ce qui manque le plus aux animaux ; on ne saisit pas trace de culte chez les fourmis, les abeilles ou les castor. Et quand Michelet nous montre le chien éprouvant devant l'infini de la mer une sorte de stupeur religieuse, il parle en poète. Mais autant il est difficile de voir à l'œuvre, chez nos frères inférieurs, une croyance suscitant des rites, autant il est difficile de leur refuser un commencement de moralité. L'étude des *Sociétés animales* a dès longtemps révélé à M. Espinas l'embryon de plus d'une vertu, familiale ou tribale. Des pélicans qui voient un des leurs attaché à un arbre par des Mexicains viennent dégorger près de lui des poissons pour le nourrir : fraternité si sûre que les Mexicains l'escomptent pour se procurer du poisson. Un chien, ayant causé la mort d'un chat familier, en manifeste un remords évident. Le sentiment de la propriété collective, avec les droits et les devoirs qu'il confère ou impose, ne paraît pas étranger à certains groupes d'animaux pas plus que le respect de l'autorité. Qu'est-ce à dire sinon qu'une moralité est en germe là où pourtant aucune religion n'est en cause ?

Mais, pour le monde humain lui-même, pareille conclusion, *mutatis mutandis,* ne serait-elle pas légitime ? Pour qu'on puisse dire que la religion engendre la morale, encore faut-il que la religion existe, et pour qu'elle existe vraiment, il est sans doute nécessaire qu'elle se soit constituée à part, gardée par un système propre d'idées et d'institutions. On connaît des sociétés qui n'ont pas encore projeté leurs divinités hors d'elles-mêmes. M. Lévy-Bruhl, faisant allusion à ces tribus australiennes dont les membres semblent s'identifier sans difficulté aucune avec telle espèce animale, observe que, par rapport à cet état mental qui implique une sorte de communion immédiate, les représentations proprement religieuses apparaîtraient comme un « produit de différenciation ». La morale ne peut graviter autour du temple avant qu'un temple soit dressé ; et cependant aucune société, du moment qu'elle subsiste, même si elle n'a pas bâti de temple, n'a pu se passer de morale. Il y a toujours des règles de vie communes, même là où il n'y a pas encore de mythes et de rites.

Célestin Bouglé

Or, quand la religion s'est constituée à part, quand un culte plus ou moins complexe commande des pratiques variées, quand les croyances usent de plus en plus largement du pouvoir consacrant qu'elles se réservent, alors il n'est pas rare que l'on voie apparaître, en dehors de l'enclos sacré, comme des surgeons de moralité, à l'air libre, capables de devenir grands arbres à leur tour.

Dans ses conférences sur *la Religion, la Science et la Morale*, F. Buisson rapporte un exemple qu'il dit avoir retenu des cours de Marillier. Chez certaines tribus indiennes, un tabou formel veut que la femme aille accoucher hors du village. Une femme est prise des douleurs de l'enfantement. Le froid est intense. On creuse pour elle dans la neige, à quelque distance des huttes, un grand trou qui lui servira de gîte. Le voyageur qui rapporte ce trait vit l'homme prendre sa femme dans ses bras, et la porter dans cette fosse de neige : il pleurait à chaudes larmes, prévoyant qu'elle allait y mourir. « Supposez cet homme faisant, par impossible, un effort de plus, osant violer le tabou, opposant son sentiment d'humanité à la tradition sacrée du clan ; supposez quelques autres de ses proches, touchés de la même émotion, lui donnant raison et prenant sur eux, au mépris du *tabou,* bravant le front soucieux des vieillards et les menaces du sorcier, d'autoriser la pauvre femme à rester dans sa hutte, – voilà la morale indépendante entrée dans la tribu. »

N'arrive-t-il pas ainsi que nombre de sentiments se font reconnaître comme moraux sans l'aveu, sinon contre les traditions de la religion ? Instincts de sociabilité, sympathies personnelles, souci des intérêts bien entendus des groupes, diverses forces à l'œuvre dans les relations entre hommes ne travaillent-elles pas, à côté des croyances religieuses, à modeler la moralité ? Et sans doute l'autorité que celles-ci communiquent à toutes les consignes qu'elles recommandent est telle qu'on doit spontanément chercher à l'emprunter, même pour des prescriptions originairement profanes. On appelle les dieux au secours de la vie. On les prend à témoin. On les invoque comme garants. Mais si naturelle qu'elle soit, surtout à des esprits pour qui tout se mêle, la tactique n'est pas toujours applicable. La fusion des valeurs théologiques et morales devient difficile quand les commandements de la religion et ceux de la vie semblent se contrarier. De là des départs d'attributions. Un droit « laïque » se met en marche et une morale de même tendance lui fait escorte.

À quel moment précis s'opère la scission ? C'est ici que, nos observateurs diffèrent. Il faut que la « sphère» en question – celle des obligations qui ne sont pas d'origine religieuse – ait acquis un certain volume pour devenir visible à tous les yeux. Et pour qu'elle acquière ce volume, il faut des sociétés assez étendues et complexes, où la diversité des éléments à faire vivre ensemble, posant des problèmes imprévus, appelle des solutions nouvelles : c'est quand la cité romaine devient un Empire que son droit « bourgeois et profane », comme dit M. Cuq, prend toute son autonomie. Mais le jour où la tendance s'épanouit n'est pas celui où elle germe. Et qu'une scission nette apparaisse, c'est sans doute la preuve que depuis longtemps préexistaient des différences virtuelles.

*
**

Allons-nous donc conclure que la moralité a deux sources, et que tout le problème est de discerner leurs rapports ? À nous en tenir à cette conclusion, nous risquerions de laisser perdre le plus clair bénéfice des nouvelles théories sociologiques. Leur originalité, remarque M. Pécaut, est de se montrer, dans leur hardiesse même, « singulièrement conservatrices et apaisantes ». Elles tendent à réconcilier bien plutôt qu'à opposer libres-penseurs et croyants, en leur prouvant qu'ils sont, les uns comme les autres, soutenus et contenus par une même autorité qui est celle de la conscience collective.

En s'appuyant sur cette réalité supérieure, Durkheim pensait avoir fondé et comme justifié, par une méthode inédite, les représentations religieuses. Celles-ci – nous l'avons vu – ne sauraient plus être à nos yeux ni des aberrations de l'imagination individuelle, spéculant sur les mots ou interprétant les rêves, ni des inventions de prêtres artificieux. Elles expriment l'espèce d'étonnement qu'éprouvent les hommes devant la force exaltante, « hyperspirituelle », qui se dégage de leur réunion. Force qui se manifeste à la fois, en effet, en eux et au-dessus d'eux. Leur communion la recrée en même temps qu'elle les régénère. Autant de « vérités » que le système religieux traduit à sa manière, en remplissant une fonction sociale de première importance. L'interprétation sociologique met à jour

Célestin Bouglé

les assises des faits sur lesquels ce système repose. Apparences si l'on veut, on doit dire de ces projections que sont les mythes, ce que Leibnitz disait des perceptions elles-mêmes : « Apparences bien fondées. »

Justification qui est en même temps limitation, il faut le reconnaître. Après l'interprétation sociologique, le genre d'autorité des croyances religieuses est-il le même qu'avant ? Elles font désormais figure d'intermédiaires. Elles sont des moyens au service d'une puissance terrestre qui les précède et les dépasse. Nous ne pouvons plus dire, en transposant l'image platonicienne, qu'elles sont le soleil du monde moral. L'éloge ne leur convient plus, car leur éclat est d'emprunt. Le vrai centre d'attraction est dans la société elle-même. La religion, en jouant son rôle de gardienne des valeurs, comme dit M. Höffding n'est plus qu'une intendante du groupe. Quels besoins celui-ci ressent-il ? Quelles sont les aspirations qui le tourmentent ? Quelles formes prend l'idéal qui, comme la colonne de feu d'Israël, marche devant lui ? En répondant à ces questions, on aurait des chances de trouver le *primum movens,* le principe d'impulsion et de direction.

Du coup, l'on comprend que les consignes dont le groupe, pour survivre, cherche à imposer le respect, ne demeurent pas forcément attachées toutes aux croyances proprement religieuses. Intermédiaires utiles et presque inévitables au temps où l'indistinction mentale et sentimentale est de règle, celles-ci ne sont pas pourtant les intermédiaires éternellement indispensables. Les besoins, les aspirations, l'idéal des sociétés ont d'autres moyens de se faire entendre et obéir. Elles peuvent dès longtemps tabler sur des valeurs dont le culte proprement dit n'est, pas le ciment. Et elles sont bien obligées de le faire systématiquement lorsque le principe de l'unité sociale se place ailleurs que dans l'identité des croyances religieuses : où les dissidents deviennent des concitoyens, la religion perd son monopole moral. Alors l'autorité de la conscience collective laisse tomber les zaïmphs, les voiles prestigieux, semés d'étoiles, dont elle s'est si longtemps enveloppée : elle n'emprunte plus, pour donner des ordres, la bouche des oracles.

Dans les groupements vastes et complexes, centralisés et hétérogènes à la fois, que sont les nations modernes, les croyances religieuses tendent de plus en plus à devenir « affaires privées ».

Chapitre VII

Libres comme toutes les opinions, on ne peut plus leur confier à elles seules le soin de patronner les consignes qui sont les gardiennes de la vie des nations. Les sociétés modernes entendent exprimer directement les exigences qui leur sont propres.

Voix sans autorité, répétera-t-on ? Après la tragique expérience où tant de milliers d'hommes, croyants ou incroyants, se sont sacrifiés à l'appel de la Patrie avec un égal héroïsme, qui peut dire encore que les voix des nations, quand elles parlent sans intermédiaires, ne sont pas entendues ? Cela aussi est une « leçon de la guerre », qu'il convient de ne pas oublier dans la paix.

Célestin Bouglé

Chapitre VIII
Valeurs et Science
Les origines de la Technique positive [1]

Vérité et valeur. La volonté d'être objectif. Comment s'est formé le pouvoir intellectuel. La technique positive se distingue de la technique transcendante. Technique et science. Faut-il supposer une phase antérieure à l'empire des croyances magico-religieuses, où la pensée technique était entièrement libre ?

Les croyances magico-religieuses ne sont pas seulement, en matière technique, des puissances d'inhibition : elles fournissent à l'esprit humain diverses occasions d'acquérir des connaissances positives. Situation intermédiaire de la magie ; en quel sens elle prépare la science. Mais dès les phases primitives, l'homme paraît capable de bâtir, sur les expériences de l'action quotidienne, des inférences raisonnables. Les « germes de positivité ».

Nous avons établi que les jugements de valeur ont pour fonction de formuler non les propriétés naturelles des choses, mais les désirs des hommes vivant en société. Qu'il s'agisse d'art ou de morale, de religion ou d'économie, ils se présentent à l'individu comme autant de normes selon lesquelles il doit diriger sa volonté, orienter sa sensibilité, hiérarchiser ses tendances ; ils définissent les formes de l'idéal.

1 G. BELOT : *Études de morale positive* (*Paris,* F. Alcan, 1907 : Nouvelle édition, 1921).

E. GOBLOT : *Traité de logique* (Paris, Librairie Armand Colin, 1918).

L. LÉVY-BRUHL : *Les fonctions mentales dans les sociétés inférieures* (Paris, Alcan, 1918).

D. ROUSTAN : *La science comme instrument vital* (dans la Revue de métaphysique et de morale, septembre 1914).

L. WEBER : *Le rythme du progrès* (Paris, F. Alcan, 1913).

MAUSS et HUBERT : *Esquisse d'une théorie générale de la magie* (dans *l'Année sociologique,* tome VII. – Paris, Alcan, 1904).

FRAZER *Le rameau d'or* (Trad. fr. Paris, Schleicher, 1903).

FOSSEY *La magie assyrienne* (Paris, E. Leroux).

SALOMON REINACH : *Cultes, mythes et religions* (Paris, Leroux, 1905-1913).

G. MILHAUD : *Les origines de la science* (dans *Isis,* 1913).

THORNSTEIN VEBLEN : *The instinct of workmanship and the state of industrial arts* (New-York. 1918).

Les jugements d'existence semblent au premier abord d'un tout autre ordre. Ils visent à nous faire connaître la réalité telle qu'elle est. Ils veulent être des vérités, c'est-à-dire des propositions vérifiables par l'expérience ou logiquement démontrables. Quel que soit celui de ces critères auquel on donne la préférence – démonstration logique ou vérification expérimentale, – une chose est sûre : c'est que pour en user, il faut faire méthodiquement abstraction de tout ce qui, tendance ou consigne, traduit le mouvement des âmes. Autre chose est apprécier les objets, les noter comme désirables ou indésirables, utiles ou nuisibles, beaux ou laids ; autre chose établir leur existence, les classer selon leurs propriétés, déterminer selon quelles lois ils réapparaissent, fixer enfin les rapports de ces lois entre elles. Toutes opérations complexes qui supposent d'abord un effort d'affranchissement. La volonté d'être objectif exclut par définition toute autre volonté : elle doit faire taire les appréciations subjectives, même si elles sont impératives, c'est-à-dire même si la puissance de la société tend à nous les imposer.

On est assez naturellement tenté de définir cette attitude par une antithèse : si en matière de valeur, les représentations collectives sont maîtresses, quand il s'agit de vérité le dernier mot reste à la pensée personnelle. Les règles de la méthode cartésienne, où l'esprit scientifique, prend conscience de lui-même, sont d'abord un conseil d'indépendance : ne rien tenir pour acquis, ne pas s'en laisser imposer. Commentant les leçons de Descartes, M. Brunschwicg pouvait écrire : « Avant Descartes, quand les peuples se demandaient : *Que savoir* ? *Que croire* ? *Que faire* Ils regardaient derrière eux. Toutes les réponses étaient inscrites déjà dans les livres, ou sacrés ou profanes. Depuis Descartes nous regardons devant nous. Tout certes n'est pas à trouver, mais tout est à examiner de nouveau, à voir de nos propres yeux, à juger avec notre propre esprit. »

Au surplus, chacun constate par expérience que l'acte de la découverte est, par excellence, un acte personnel. Si l'assemblée excite et stimule, elle paraît peu propre, par elle-même, au travail de l'invention intellectuelle. Pour les dissociations ou les synthèses que celui-ci implique, il faut un rassemblement de toutes les forces de l'attention qui, lui-même, demande le recueillement. La réflexion créatrice est amie du silence et de la solitude.

Célestin Bouglé

C'est parce que cette réflexion libre a été possible que la science a pu se constituer : la science, c'est-à-dire le système des vérités dont toute l'autorité tient aux preuves qu'elles fournissent aux intelligences, aux constatations ou aux démonstrations qui ne s'imposent à chacun que parce que chacun peut les refaire pour son compte. Selon l'ordre des phénomènes étudiés, la part des constatations est plus grande, ou celle des démonstrations : ici l'on part des principes et là des faits. Mais qu'elle soit de type mathématique ou de type expérimental, la vérité scientifique ne veut devoir les adhésions des esprits qu'à des arguments d'ordre intellectuel. Laisser la raison en face de la nature, sans interposition de la société, n'est-ce pas, semble-t-il, la première condition de toute découverte ? C'est pourquoi l'on peut soutenir que, en effet, le système des vérités se pose en s'opposant aux diverses séries de valeurs.

Il ne manque pas d'ailleurs, une fois constitué, de prendre sa place dans le monde des valeurs.

Les vérités acquises se présentent elles-mêmes comme des valeurs ; et, comme des valeurs aussi, les méthodes par lesquelles elles furent acquises. Pour ses résultats comme pour sa discipline, la science réclame le respect : non contente de faire appel au dévouement des chercheurs, elle demande avec une croissante autorité que les sociétés lui assurent des moyens de développement ; elle devient le centre d'un monde d'institutions qui la servent. Pour justifier cette ascension, la science peut d'ailleurs invoquer des arguments assez divers : les services matériels qu'elle rend, les qualités intellectuelles qu'elle développe, les satisfactions esthétiques et morales qu'elle procure. Dans tous les cas, elle devient une puissance sociale ; on fonde sur elle de grandes espérances non seulement pour l'instruction, mais pour l'éducation : non seulement pour la formation des esprits, mais pour l'orientation des consciences.

Nous mesurerons mieux le rôle que peut aujourd'hui, dans la société, jouer ce quatrième pouvoir – le pouvoir intellectuel – si nous essayons d'abord de nous représenter sa genèse. S'est-il montré dès les premières phases de la vie sociale, et sous quelles formes ? Ou bien est-ce à la suite d'une différenciation qu'il s'est constitué ? Et cette différenciation une fois opérée, quelles conjonctions restent possibles entre les vérités scientifiques et les autres

Chapitre VIII

valeurs sociales, c'est ce que nous voudrions préciser.

*

**

Tout le monde accorde aujourd'hui que si un ensemble de notions positives, touchant les propriétés des choses et les lois de leur production, a pu se dégager du rêve primitif, cela tient à la nécessité où l'homme s'est trouvé de s'ingénier pour survivre, dans un monde souvent menaçant pour sa vie. Au commencement est l'action : pour peu que celle-ci rencontre dans le milieu extérieur des obstacles, et dans le milieu intérieur – dans l'organisme – des possibilités diverses, l'action tend à éveiller la pensée. Devant des conditions de fait analogues à celles qui lui ont naguère procuré succès ou insuccès, l'être qui se souvient cherche à prévoir. Et au fur et à mesure que le cercle de ses prévisions s'élargit, son action peut prendre des formes de plus en plus complexes. Il ne se contentera pas de s'adapter au milieu, comme l'on dit, il s'efforcera de s'adapter le milieu. Il multipliera ce que M. D. Roustan propose d'appeler les adaptations offensives. La capacité de résister au froid peut s'acquérir chez les espèces animales par une sorte de sélection automatique : ceux dont l'organisme ne se prête pas à la conservation de la chaleur nécessaire à la vie, sont éliminés ; les autres survivent et font prédominer leur type. L'espèce humaine dispose d'autres solutions. Elle confectionne le vêtement. Elle construit l'abri : elle y élève un foyer où elle conserve le feu. Se défendre ainsi contre le froid, c'est commencer la transformation méthodique des choses, L'ensemble des procédés de cette sorte constitue la technique positive, dont l'envers est déjà une science.

Lorsque pour obtenir un résultat qui lui est cher – la prospérité d'une récolte, la solidité d'un édifice, la santé d'un enfant – l'homme invoque l'appui de forces invisibles, selon les cas redoutables et bienfaisants, là encore il obéit à des règles, il emploie des procédés traditionnels. Leur ensemble constitue aussi une technique. Mais c'est une technique « transcendante » guidée par des croyances qui portent sur le monde du sacré. La technique positive escompte non les pouvoirs mystérieux d'êtres invisibles, mais les propriétés des choses données en expérience. Or les réussites d'une pareille technique impliquent des connaissances qu'on peut déjà appeler scientifiques. La règle d'action est l'application d'une loi vérifiée. Le moyen employé en vue d'une fin n'est qu'un autre nom de la cause. Ce que la technique escompte, c'est précisément ce que la science recherche : la constance des séquences naturelles.

Il n'est donc pas étonnant que les deux disciplines soient à l'origine étroitement liées. On a pu faire observer que même aujourd'hui, après que la science a conquis, semble-t-il, sa pleine autonomie, il serait impossible de comprendre son développement en faisant abstraction de la technique : les demandes et les offres de celle-ci, les problèmes qu'elle pose aux chercheurs, les moyens d'action qu'elle met à leur disposition, même les recettes et les tours de main dont ils profitent dans leurs laboratoires, rappellent de plus d'une façon que les liens ne sont pas coupés entre la pensée et l'action. De quelle force ne doivent pas être ces liens aux premières phases de la vie des sociétés humaines ! C'est l'invention pratique qui suscite les premières découvertes scientifiques. Le fabricant des outils les plus simples ne peut manquer de glaner au cours de son travail des remarques qui sont déjà des lois. « Qualités primaires de la matière, propriétés des agents naturels, gravitation et chaleur, force vive, choc, transformation et concentration de l'énergie », toutes ces notions ne sont-elles pas en germe dans l'atelier des premiers polisseurs, potiers ou forgerons ?

M. L. Weber, nous invitant à admirer la richesse des inventions primitives dont nos musées nous gardent des spécimens – du « coup de poing » au propulseur, et du polissoir au mortier – prétend qu'on ne peut comprendre cette richesse sans se représenter une phase de l'histoire humaine où la pensée technique, fraîche et libre, jouissait déjà d'une certaine autonomie. Si l'état d'hébétude et d'inquiétude qu'on prête quelquefois au sauvage avait été universel, l'humanité aurait-elle jamais commencé à conquérir le monde ? Il lui a fallu, en même temps que la stimulation de l'action, la liberté du tâtonnement, père de l'expérimentation positive. Et sans doute, d'autres voies lui ont été bientôt ouvertes : mais en ce qui concerne la découverte scientifique, ces voies étaient des impasses. Le mot est aussi un instrument. Et qui use de cet instrument est capable de produire sur les semblables qu'il émeut, des actions à distance, très différentes de l'action mécanique qui lui réussit comme polisseur, potier ou forgeron : il éveille au loin l'espérance ou la crainte, il suscite le geste dangereux ou utile. D'où la croyance à la fécondité des invocations, des incantations, de tout ce qui est action par la parole : la technique magico-religieuse naît ainsi – celle que nous appelions la technique transcendante – et sa végétation surabondante ne peut qu'étouffer les germes déposés en terre par la technique positive des premiers âges. Ainsi s'expliquerait, après des débuts si brillants, le long piétinement de l'humanité : la science ne pourra prendre tout son essor que lorsque la technique positive aura regagné sur sa sœur ennemie le terrain perdu.

*

* *

Que garderons-nous de cette théorie ? Les formes de la pensée et les phases de son progrès sont-elles aussi distinctes qu'elle paraît le supposer ? Il en faudrait douter, s'il est vrai que sur bien des points, technique positive et technique transcendante trouvent l'occasion de souder leurs efforts, et si l'on doit reconnaître que la magie par exemple, avec son cortège mêlé de croyances et de recettes, ouvre les routes à la science.

C'est l'un des points sur lesquels ont le plus insisté en ces dernières années ethnologues et sociologues. Ils nous avertissent qu'on a tort de ne voir, dans les croyances portant sur le monde invisible constitué par les forces sacrées, que leur puissance d'inhibition. Elles entraveraient la connaissance des choses ? Bien plutôt arrive-t-il souvent qu'elles l'enrichissent. Leurs rites se trouvent souvent être des recettes précieuses. Tout en prononçant les mots sacramentels, en chantant les refrains qui attirent ou repoussent les esprits, on triture la matière, on chauffe des ingrédients, on scrute les entrailles des animaux ou bien on leur rend des soins spéciaux qui entretiennent leur vie. Nombre de ces opérations peuvent rapporter, en dehors des visées mystiques qui y président, divers avantages naturels. Que l'opérateur les remarque et cherche à quelles séquences ils tiennent : il est sur le chemin de la science. Le totémisme suggère à certaines tribus de s'abstenir de la chair de certains animaux : on n'en doit manger qu'à des jours solennels, pour communier avec le principe qui fait la vitalité de la tribu. Mais pour qu'on en puisse manger en ces jours là, encore est-il bon que des spécimens des animaux en question soient gardés à portée de la main, et entretenus en même temps que révérés. C'est ainsi que, selon Frazer, le totémisme, aidant l'humanité à triompher d'instincts naturels, aurait présidé à l'institution de l'élevage. Ne voit-on pas des influences du même ordre orienter l'attention vers la culture des céréales ? Pour apaiser la faim des morts, on dépose auprès du cadavre divers aliments. Personne n'y ose toucher. Que des graines mêlées aux aliments germent sur la terre débroussaillée et retournée, le tumulus à la belle saison porte une moisson inattendue. L'humanité serait ainsi, par le culte des morts, conduite à l'agriculture. Mais que dire alors de la métallurgie et de la chimie ? Celui qui cherche la pierre magique est amené à noter toutes sortes de combinaisons d'éléments. De même, si l'on a découvert l'alliage d'étain et de cuivre qui a donné naissance au bronze, le désir de fabriquer des amulettes, avec des paillettes de métal brillant, n'en est-il pas responsable ? « Toute la métallurgie primitive, écrit Salomon Reinach, me semble un chapitre de *l'Histoire des religions.* » Et ce serait la preuve que les croyances religieuses, bien loin d'être de simples puissances d'inhibition, sont capables de stimuler la curiosité des esprits, en leur fournissant l'occasion d'acquérir des connaissances positives.

Il est vrai que nombre d'ethnologues ou d'historiens demanderaient à distinguer nettement ici, entre religion et magie. La première impliquant l'appel à des volontés toutes puissantes, qu'on s'efforce de se concilier par des prières, des offrandes, des sacrifices ; l'autre, au contraire, agissant d'elle-même sur les choses et contraignant les forces par des lois dont elle tient le secret. Le sorcier faiseur de pluie, en projetant avec des feuilles l'eau de quelque mare vers les quatre coins de l'horizon, est censé forcer la pluie à tomber. L'envoûteur qui pique son aiguille au cœur d'une figurine représentant une personne détestée ou triture des parties détachées d'elle – touffe de cheveux ou rognures d'ongles – pense déterminer, directement, la mort de cette personne. Il escompte ici des lois générales, telles que « le semblable agit sur le semblable » ou « qui modifie la partie modifie le tout ». Mais il n'invoque pas des volontés surhumaines. M. Fossey va jusqu'à écrire : « Le magicien ne fait point appel au surnaturel : la destruction d'une image entraîne la destruction de l'original comme le feu fait bouillir l'eau. Il n'y a point là de mystère. » Ainsi s'expliqueraient

Chapitre VIII

plus facilement les enquêtes scientifiques dont le magicien est capable : il ne s'embarrasse point des représentations collectives impératives qui font la force paralysante des religions. Ce hors-la-loi est déjà un esprit individuel en tête-à-tête avec les choses.

*

**

La conclusion donne-t-elle une juste idée de la situation intermédiaire que la magie occupe entre la religion et la science ?

Que souvent le magicien soit un hors-la-loi, en effet, et même qu'il soit mis au ban de la société par la religion une fois différenciée et pourvue de tous ses organes propres, cela ne prouve nullement que la pensée magique se forme en faisant abstraction des croyances religieuses. Le magicien est, lui aussi, un initié. Les opérations qu'il accomplit sont des rites. On ne saurait les accomplir n'importe où et n'importe quand. Il y faut toutes sortes de précautions cérémonielles. Il est visible, d'ailleurs, que les forces mises en œuvre sont loin d'être des forces purement mécaniques, telles que celles du ressort des techniques exclusivement positives. Le magicien fait souvent appel, lui aussi, à des forces surnaturelles ; ne conclut-il pas, par exemple, des pactes avec des démons ? Mais surtout ses opérations impliquent la croyance à l'efficacité de ces forces impersonnelles – du type du mana mélanésien – qui sont, à la phase pré-animiste, le noyau de la religion : forces qui doublent les forces naturelles, sans pourtant se confondre avec elles : qualités ajoutées aux autres, sans préjudice de leurs autres qualités. « Ce surcroît, disent MM. Mauss et Hubert, c'est l'invisible, le merveilleux, le spirituel et, en somme, l'esprit en qui toute efficacité réside et toute vie. » C'est par son empire sur des forces de cette nature spéciale que le magicien est roi. Et c'est pourquoi s'il se distingue de plus en plus du prêtre, il reste si longtemps distinct du savant.

Si cependant les chemins de la science sont bien, sur tant de points, frayés par la magie, c'est que celle-ci, en se différenciant de la religion, entre effectivement en contact plus direct avec les choses ; traitant plus librement les dieux elle manie plus librement la matière. Elle se livre ainsi à toutes sortes d'expérimentations, elle acquiert un savoir-faire dont le savoir ne peut, manquer de bénéficier. « Elle tend au concret, comme la religion à l'abstrait. »

Célestin Bouglé

Elle se mêle de plus en plus aux activités pratiques. Et ainsi, arrive-t-il qu'elle abrite, de son autorité mystique, les techniques positives naissantes. Poursuivant à loisir son œuvre de recherche, elle accumule des observations, elle dresse des index qui sont des répertoires précieux pour la réflexion scientifique. « Les magiciens alchimistes, les magiciens astrologues, les magiciens médecins ont été, en Grèce comme dans l'Inde et ailleurs, les fondateurs et les ouvriers de l'astronomie, de la physique, de l'histoire naturelle. »

La magie ferait donc le pont, en quelque sorte, entre la religion et la science. Partant des croyances collectives et les utilisant à sa manière, elle en ferait sortir la recherche personnelle qui scrute directement la nature. Et ainsi, il ne serait plus nécessaire de supposer, avec M. Weber, le primat d'une pensée technique dont les initiatives libres, dans une période qui serait comme l'Éden de la recherche, auraient précédé les impératifs de la pensée religieuse. Le premier mot resterait aux croyances collectives, si puissantes – tous les témoignages paraissent concorder sur ce point – aux débuts de l'organisation sociale : la pensée technique ne serait elle-même qu'un produit de différenciation.

*

**

Est-ce à dire, toutefois, que, même dans la période où la pensée religieuse domine, on ne voie pas la pensée technique à l'œuvre ? Est-ce à dire aussi que celle-ci ne puisse amasser des matériaux et développer ses virtualités qu'à l'intérieur des cadres dressés par des croyances portant sur le monde des choses sacrées ? S'il existe un monde des choses sacrées, c'est donc qu'il existe un monde des choses profanes. Les premières sont choses « séparées », dangereuses à manier, qu'on ne doit aborder qu'avec des précautions toutes spéciales et des initiations plus ou moins compliquées. En dehors de cette zone « interdite », l'activité de l'esprit humain doit pouvoir, par définition, s'exercer librement, c'est-à-dire en tenant compte du résultat des expériences qui le renseignent sur les propriétés des choses.

N'est-ce pas précisément grâce à l'exercice de ces facultés qu'a pu se constituer l'ensemble d'instruments et de procédés que tant d'ethnographes, non sans raison, nous décrivent à part du système des rites et des croyances ? Le feu obtenu par frottement, giration ou sciage, le pilage, le triturage, la mouture des graines, la distillation des liquides, la confection des vêtements, autant d'opérations qui supposent un minimum de connaissances positives, résultant d'un commerce direct de l'esprit avec la nature. Ceux qui insistent le plus sur la distance qui sépare la pensée rationnelle de la pensée primitive, – laquelle serait essentiellement prélogique, en raison même des confusions d'idées qui favorisent ou imposent les croyances collectives, – sont obligés de reconnaître que dans la vie pratique, même s'il s'agit de sociétés tout à fait inférieures, l'homme se révèle capable d'inférences raisonnables. « S'il a abattu deux pièces de gibier, par exemple, écrit M. Lévy-Bruhl, et s'il n'en trouve qu'une à ramasser, il se demandera ce que l'autre est devenue et il la cherchera. Si la pluie le surprend et l'incommode il se mettra en quête d'un abri. S'il rencontre une bête féroce, il s'ingéniera pour lui échapper, etc... »

C'est ce qu'avait très bien vu Auguste Comte lui-même, lorsqu'il écrivait : « Malgré l'ascendant mental de la plus grossière théologie, la conduite journalière de la vie active a dû toujours susciter, envers chaque ordre de phénomènes, une certaine ébauche des lois naturelles et des prévisions correspondantes. »

Au surplus, refuser à l'homme cette capacité d'inférer, ne serait-ce pas, selon la juste remarque de G. Milhaud, le rabaisser au-dessous des animaux ? Il en est beaucoup parmi eux qui savent utiliser leurs expériences ; si après divers essais infructueux pour sortir d'une situation gênante, un procédé leur réussit, ils le retiennent et s'efforcent d'en généraliser l'emploi : ils se créent ainsi comme un embryon de technique.

Dira-t-on que si la technique de l'homme devient vite infiniment supérieure à celle des animaux, cela tient précisément aux idées qu'il se fait des forces magiques qui règnent dans le monde invisible ? Son désir de dominer la nature par leur intermédiaire l'amène à multiplier ses expériences, à enrichir ses connaissances. D'accord. Et nul ne saurait nier les multiples occasions de s'informer que les pratiques magiques ont dû offrir à la pensée scientifique. Mais d'abord la magie n'est sans doute pas seule à offrir ces occasions : à la guerre et à la chasse, à la forge et à la cuisine, l'homme manie la matière et épie les êtres : il est à même de collectionner en

Célestin Bouglé

terrain libre des leçons de toute espèce. Et puis, et surtout, elles ne servent au progrès de la technique positive, ces leçons variées, que dans la mesure où des modes de penser sont mis en œuvre, qui diffèrent de ceux qui se rattachent aux croyances magico-religieuses. Deux principes gouvernent, nous dit-on, la pensée et l'action du magicien : « le semblable agit sur le semblable » et « qui agit sur la partie agit sur le tout ». Ces principes se vérifient-ils toujours dans la vie courante ? Pour tuer un kangourou ou un émeu, suffit-il de transpercer d'une aiguille d'os leur effigie ? Pour cuire la bête entière une fois tuée, suffit-il de présenter au feu une de ses pattes ? Non, sans doute. Des expériences nombreuses attestent le contraire. Ces expériences de tous les jours inclinent l'esprit à chercher, par l'enregistrement des propriétés constatables et des rapports vérifiables, d'autres lois que celles qui gouvernent le monde des forces sacrées, dociles aux enchantements du sorcier.

Vous supposez là, nous dira-t-on, une distinction dont justement l'esprit primitif est incapable. Car tout se mêle pour lui. Les sentiments « participent » intimement aux idées, les valeurs aux réalités, l'invisible au visible. Comment saura-t-il discerner, quand un effet l'intéresse, la part de causalité qui revient au rite et celle qui revient au procédé primitif ? Certains observateurs des sociétés inférieures doutent que l'action proprement physique y soit concevable sans l'action mystique. Du *mana,* de la force quasi spirituelle mise en œuvre par le sorcier, M. M. Mauss et Hubert nous disent : « Il est la force par excellence, l'efficacité véritable des choses, qui corrobore leur action mécanique sans l'annihiler. C'est lui qui fait que le filet prend, que la maison est solide, que le canot tient bien la mer. Dans le champ, il est la fertilité : dans les médecines, il est la vertu salutaire ou mortelle. Dans la flèche, il est ce qui tue. » Comment délimiter sa part, si son action est toujours présente ? Dira-t-on que ses insuccès nous avertissent de ses limites ? Mais rien n'est plus difficile à constater, on le sait, que l'insuccès d'une activité magique. Pour expliquer que la femme envoûtée reste en vie, ou que l'animal charmé échappe aux chasseurs, le sorcier n'est jamais à court de raisons : opération mal conduite, conditions rituelles mal observées, manque de foi chez les assistants ou les intéressés. Des croyances de ce genre obstruent en quelque sorte les esprits au point de les rendre imperméables à l'expérience autant qu'inaccessibles à la logique. Et c'est pourquoi la dissociation que vous supposez, pour expliquer comment une technique positive se constitue à part des rites magiques, est justement l'opération la moins aisée pour l'intelligence primitive.

*

**

Que l'opération soit difficile, nul n'en doute. Et l'extrême lenteur avec laquelle la pensée scientifique se dégage en est la meilleure preuve. Il est très vrai que les croyances magico-religieuses tendent initialement à se mêler à tout et que l'état de confusion mentale et sentimentale qui semble caractéristique des premières phases de la vie intellectuelle, est peu propice aux expériences qui aident à discerner les propriétés des choses. Mais le fait est là : le fait qui ne s'expliquerait pas si l'on ne prêtait à l'homme – si humble qu'on la veuille et si gênée d'abord dans ses mouvements – une certaine capacité d'observer exactement et de raisonner sur ses observations. En fait, des méthodes d'action positive sont inventées et transmises : des outils, des appareils sont construits pour appliquer ces méthodes et étendre leurs enquêtes. Jamais ces « germes de positivité », comme dit Comte, n'auraient pu naître et grandir si l'âme tout entière avait été dès l'abord envahie par la religion ou même par la magie.

Nous n'avons pas besoin pour autant de croire que ces inventions et découvertes positives aient été les fruits d'une période à part de liberté première, période trop tôt fermée, où la pensée technique n'aurait connu aucune gêne. Nous ne voulons pas non plus établir qu'elle n'ait pu être que gênée par la technique transcendante : lorsque surtout la magie se distingue de la religion, il est trop clair que toutes sortes d'expériences sont tentées, de propriétés remarquées, de lois ébauchées : un trésor d'observations se constitue ainsi que la science proprement dite ne manquera pas d'utiliser. Mais nous maintenons que si une science arrive à se constituer, c'est que l'homme, en dépit de tout d'imaginations envahissantes, est demeuré capable, invité qu'il y était par les besoins mêmes de l'action, de mener les raisonnements expérimentaux sans lesquels sa technique ne se serait pas élevée, en effet, au-dessus de celle de l'animal.

Célestin Bouglé

Chapitre IX
Valeurs et Science (suite)
Les origines de la pensée rationnelle [1]

Les idées générales nécessaires au progrès de la science ne seraient-elles pas elles-mêmes en rapport avec les croyances primitives ? Théorie de Durkheim. Comment elle s'oppose à celle de M. Lévy-Bruhl. Les classifications primitives calquées sur les divisions sociales. Concepts et consignes. Comment le sociologisme enrichit l'empirisme. Le milieu social médiateur plastique. La science suppose certaines conventions, une volonté d'harmonie. Cependant les normes logiques ne se laissent pas réduire aux normes pratiques. Sur les accords visés comme sur les moyens employés, l'esprit exerce un contrôle d'un genre particulier quand le souci de la vérité le possède. Nature des choses et nature de l'esprit.

Si la technique de l'homme s'élève au-dessus de celle de l'animal, si elle se raffine et se complique par l'intervention d'une science véritable, il n'en faut pas chercher la cause dans les seules remarques que ses expériences lui peuvent suggérer ; les systèmes qu'il forme pour ordonner ces remarques elles-mêmes, voilà ce qui est original et fécond par excellence. On l'a remarqué bien des fois : ce n'est pas par les recettes que la science progresse, mais par les théories, et d'abord par les concepts, en qui s'organisent les résultats des expériences.

Or les théories et idées générales et les catégories elles-mêmes – tout ce qu'on rapporte à la raison – ne seraient-elles pas à leur tour un produit de cette activité spéciale qui naît, aux phases primitives, de la fusion des consciences, et dont les plus pressantes manifestations sont ces croyances collectives, impérieuses et absorbantes, qui constituent la religion ?

Par ce nouvel aspect les deux termes si souvent opposés naguère, religion et science, se trouveraient encore une fois rapprochés. La raison elle aussi aurait été élevée sur les genoux des dieux. C'est des croyances primitives qu'elle aurait reçu son impulsion, ses

1 DURKHEIM : *Les formes élémentaires de la vie religieuse.*– Voir les mêmes ouvrages que pour le chapitre VIII.
GOBLOT E. : *Traité de logique* (Paris, 1920, librairie Armand Colin).

directions, ses principes eux-mêmes.

*

**

Auguste Comte déjà s'était efforcé de maintenir une certaine continuité entre les phases qu'il distinguait dans les développements de la pensée. Quand l'homme, pour s'expliquer la nature, imagine des volontés analogues à la sienne, cette sorte de projection spontanée a au moins le mérite de poser devant lui, comme un décor magique, une théorie générale du monde. L'esprit n'aurait pas eu la patience, alors, d'édifier une pareille théorie, pierre à pierre, à coups d'observations. Et cependant une théorie était utile, pour stimuler et orienter ses recherches. C'est pourquoi il faut se réjouir dos orgies premières de l'imagination : elles furent fécondes à leur manière.

Sur ce point, comme sur plusieurs autres, Durkheim reprend la pensée d'Auguste Comte. Mais il va singulièrement plus loin que son devancier. Il ne loue pas seulement l'imagination d'avoir construit une conception générale du monde, il prétend en effet expliquer par les premières formes, par les formes religieuses de la pensée collective, la genèse des concepts et jusqu'à celle des catégories qui rendent possible l'opération typique de la raison, le jugement humain.

Thèse audacieuse qui vient se placer exactement aux antipodes de celle qu'élaborait au même instant un autre disciple d'Auguste Comte. Lorsque M. Lévy-Bruhl, pour nous faire comprendre la nature propre des fonctions mentales dans les sociétés Inférieures, insiste sur le caractère prélogique qu'elles présentent – tout participant à tout et la confusion des genres comme l'incohérence des raisonnements étant la règle – il creuse à plaisir le fossé entre la religion et la science. Tant et si bien que l'apparition de la raison risque au bout du compte de donner l'impression d'un miracle : comment, dans ce monde de nuées, la faculté de raisonner juste, en tenant compte des propriétés des choses, a-t-elle jamais pu se dresser ? C'est précisément cette impression de miracle que veut dissiper M. Durkheim. Et c'est pourquoi si M. Lévy-Bruhl creuse des fossés, lui multiplie les ponts.

Ce qui semble contredire le mode de penser positif ne le

Célestin Bouglé

prépare-t-il pas en réalité ? Il y a toujours, même dans les sociétés inférieures, une logique en œuvre. Ce qui est vrai, c'est qu'elle se forme dans les cadres et par les cadres de la pensée religieuse, elle-même expression suprême de la conscience collective.

Quels arguments peuvent être invoqués dès maintenant à l'appui de cette hypothèse ? Durkheim en allègue de trois sortes, à ce qu'il semble. Tantôt c'est le principe des classifications dont l'esprit, aux phases primitives, se sert pour ordonner ses impressions ; tantôt c'est le caractère des concepts qui s'oppose à ces impressions mêmes ; tantôt enfin c'est la nature des réalités qui sert de premier modèle à ces concepts.

Les classifications primitives sont-elles calquées sur les propriétés réelles des choses ? Bien plutôt reproduisent-elles en les agrandissant les divisions sociales. Nombreux sont les cas où l'on voit, dans les sociétés inférieures, l'univers comme partagé entre les clins. Au clan du corbeau, dans la tribu du Mont-Gambais, ce ne sont pas seulement tels hommes ou telles femmes qui appartiennent : mais la pluie, le tonnerre, l'éclair, les nuages, la grêle, l'hiver, etc... Le clan du serpent sans venin comprend le poisson, le phoque, l'anguille, les arbres à écorce fibreuse, etc... Ainsi les choses sont classées selon les liens sacrés qui les rattachent à un groupe d'hommes. Le groupe est le noyau du type. Les cadres logiques sont calqués sur les cadres sociaux.

Il est à remarquer d'ailleurs que l'idée générale, nécessaire à l'organisation de la science, n'est pas seulement une collection d'impressions. Le concept domine le va-et-vient des impressions comme le roc domine les flots. Il est l'élément permanent, sur lequel la pensée individuelle reprend pied. Il possède aussi une sorte de caractère impératif en même temps qu'impersonnel. Il est à sa manière un idéal qui s'impose, un type exemplaire qui tend à déterminer la façon de penser. Qu'est-ce à dire ? sinon que le concept est encore une consigne, expression d'une puissance collective ? C'est dans les croyances religieuses, sans doute, que celle-ci fait le plus fortement sentir son action. Mais les notions intellectuelles n'ont pu se constituer sans conserver quelque chose de l'autorité supérieure des croyances religieuses.

À quelle école, au surplus, les notions centrales, qui vont ordonner toute la vie de l'esprit et les recherches mêmes de la science, peuvent-elles se former sinon à celle des croyances ? Le *waka,* le *mana,* l'*orenda,* de quelque nom qu'on les appelle, ces réalités mystérieuses omniprésentes et toutes puissantes, qui débordent et relient toutes les choses particulières, ne sont-elles pas le type même de la force, de la substance, de la cause ? De même, n'est-ce pas par les solennités qu'est scandé le temps selon un rythme collectif ? Par les consécrations aussi sont différenciées, selon un ordre qui s'impose à tous, les parties de l'espace. Et ainsi toute la charpente de notre esprit est comme façonnée par les haches sacrées : la religion en traduisant les inspirations de la conscience collective prépare spontanément les voies de la raison.

Que le sociologisme ainsi compris soit un enrichissement pour l'empirisme, cela ne paraît pas douteux. Quand on veut se représenter les adaptations dont la série constituerait comme la genèse de l'esprit, trop souvent encore on s'imagine l'individu originellement isolé en face de la nature et se livrant à des efforts tout personnels pour mettre de l'ordre dans la multiplicité incohérente des impressions dont elle l'assiège. On oublie qu'entre elle et lui un intermédiaire s'impose qui n'est autre que le milieu social. Véritables médiateurs plastiques, comme aimait à dire Cournot, les éléments qui le composent, pour être invisibles et impondérables, n'en sont pis moins actifs : les émotions, les représentations, les volitions qui doivent leur forme à la vie en commun, les habitudes non seulement d'ordre moral mais d'ordre intellectuel qu'elle impose sont autant de forces avec lesquelles l'individu doit compter, qui le soutiennent et le contiennent, et canalisent en quelque sorte l'effort de sa pensée. C'est au système composé par ces forces qu'il lui faut d'abord s'adapter. C'est d'elles qu'il reçoit sa première discipline intellectuelle. Dès qu'il veut dépasser la zone des sensations, il rencontre des croyances collectives : il ne peut voir le monde qu'à travers leur prisme.

Seulement que devient, en tout ceci, la notion même de vérité ? Comment, s'il s'est formé à la seule école de ces croyances qui traduisent d'abord l'espèce d'exaltation sentimentale des consciences rapprochées, l'esprit de l'homme arrive-t-il à rejoindre la réalité, à en retrouver les articulations, à grouper les êtres selon leurs ressemblances véritables, à reproduire enfin dans l'ordre de ses idées l'ordre même des choses ? Qu'il soit mis sur la voie de vérités scientifiques par les inspirations sibyllines de tribus en effervescence, cela aussi n'est-il pas miracle ? Mieux on voit l'origine collective de ces représentations premières, plus aussi, semble-t-il, on s'étonne qu'elle puisse posséder une valeur objective et enfanter des vérités positives.

Qu'elles traduisent les besoins, qu'elles répondent aux aspirations, qu'elles expriment l'idéal des âmes, créé dans l'enthousiasme par une foi commune, soit. Il est plus difficile de comprendre comment et pourquoi elles correspondent à la réalité des choses. Bref, plausible s'il s'agit des jugements de valeurs, le rattachement aux croyances impératives des groupes primitifs demeure, s'il s'agit des jugements d'existence, paradoxal.

*

**

Il n'est pas impossible, à vrai dire, d'atténuer ce paradoxe, si seulement l'on se souvient de l'espèce d'assouplissement que les formes récentes de la philosophie des sciences ont imposée à la notion même de vérité scientifique.

Comment se fait-il, demandions-nous, que des concepts dérivés des inspirations collectives puissent correspondre à la réalité et à reproduire l'ordre des choses ? Mais, dans ces exigences mêmes ne retrouverait-on pas une vieille illusion ? C'est l'idée que l'esprit est un miroir passif et qu'il suffirait, de le dégager de tous voiles pour que les choses vinssent d'elles-mêmes y imprimer leur image. Représentation dont la critique de la connaissance a depuis longtemps fait justice. Connaître n'est pas reproduire : c'est toujours transformer. Et l'ordre que l'esprit, à l'aide du concept, introduit dans le chaos des impressions sensibles, est d'abord révélateur de ses formes à lui. Or, ces formes sont-elles éternelles et données dès l'origine *ne varietur* ? Ne subissent-elles pas elles-mêmes une élaboration progressive qui tient compte des succès obtenus ou des mécomptes essuyés par telle idée mise à l'essai ? L'histoire même des sciences, assure-t-on, nous décèlerait, à l'origine des théories qui se sont imposées, diverses sortes de conventions. Ont été retenues, pour servir de centre de systématisation à nos connaissances, celles de ces théories qui ont réussi : entendez celles qui permettent le mieux l'accord des esprits en contentant leurs exigences intellectuelles, celles qui donnent le mieux satisfaction à cette volonté d'harmonie qu'on appelle la raison.

Conventions à la racine des sciences, volonté d'harmonie au sein de la raison, s'il nous faut accepter ces thèses pragmatistes, l'invraisemblance de la thèse sociologique en est diminuée d'autant. Car, ce qui nous semblait difficile à admettre, c'est que des notions qui ne sont que des résidus d'imaginations collectives se trouvent, par une sorte d'harmonie préétablie, cadrer avec la réalité extérieure. Mais si la réalité extérieure est avant tout une matière façonnée par les concepts, et façonnée systématiquement, en vue d'établir un accord de plus en plus complet des esprits, alors on comprendra mieux qu'il puisse rester dans la science même quelque chose des normes qui ont rendu possibles, au temps où la religion se mêlait à tout dans la vie sociale, les premières ententes intellectuelles. Si la science est essentiellement une source de communion entre esprits, sa parenté avec les croyances ordonnatrices et impératives des premiers âges se comprend mieux que si elle veut être une pure et simple reproduction des choses.

Le raisonnement tendrait, en somme, à assimiler les deux types de normes : les pratiques et les logiques ; celles qui commandent la conduite, celles qui dirigent la recherche de la vérité. Or, c'est précisément cette assimilation qui éveille des résistances. Et sur quel sentiment se fondent-elles ? Sur le sentiment que les normes qui président à la recherche de la vérité ont des exigences propres, qui sont loin de s'accommoder toujours avec les suggestions de la commodité pratique, ou les commandements de la tradition sociale. Si l'esprit ne se montrait pas capable de résister à ces attractions et à ces pressions, la notion de vérité scientifique naîtrait-elle ? Elle suppose une attitude toute différente de celle que commandent ou le souci de l'action ou le respect des traditions : c'est l'attitude qui consiste à laisser parler les choses, et à ne plus connaître d'autre respect que celui des faits. Vainement alléguera-t-on que les faits eux-mêmes impliquent des choix de l'esprit, et qu'à travers les choses c'est toujours celui-ci qui parle. Que la perception la plus simple suppose tout un travail d'organisation et que la meilleure garantie de sa vérité soit dans les connexions qu'elle rend possibles, tout le monde aujourd'hui en conviendra.

Célestin Bouglé

Cela ne signifie pas pour autant que nous tenions pour vérité, ou ce qui nous paraît pratiquement commode, ou ce qui nous paraît conforme aux croyances traditionnelles. La vérification est une épreuve d'un genre à part : pour l'opérer, il importe que l'esprit fasse effort pour se vider en quelque sorte de tout préjugé. Les forces de son attention doivent s'absorber dans la démonstration ou l'expérimentation. Il fait vœu de s'incliner devant le résultat, même gênant ou choquant ; il dit oui ou non lorsque, toute critique essayée, il « ne peut autrement ».

Faut-il donc convenir que l'individu qui se livre à cet effort méthodique fait abstraction de la société ? L'expression prêterait encore à l'équivoque. Car le chercheur de vérité travaille pour la société comme il travaille par elle : elle reparaît dans le plan des fins comme dans celui des moyens. Démontrer une vérité, c'est rendre possible la connexion intellectuelle. Une notion scientifiquement établie tend, par définition, à l'universalité : elle est intelligible, c'est-à-dire faite pour passer d'un esprit à l'autre et préparer des accords accessibles à tous. Toute démonstration est, au meilleur sens du mot, une socialisation. D'autre part, le travail des esprits en quête de connaissances ne se peut accomplir que grâce à des instruments forgés pour et par la vie sociale. Le mot en est la meilleure preuve, qui est le support du concept. La science est, avant tout, un perfectionnement du langage, lui-même « produit d'une élaboration collective ».

Il reste que sur l'accord visé comme sur les moyens employés l'esprit exerce un contrôle particulier quand le souci de la vérité le possède. La volonté d'harmonie peut être satisfaite de plus d'une façon : par diverses formes de contraintes, par toutes sortes de prestiges, par les vertus exaltantes de l'enthousiasme. Mais la science veut faire communier les hommes par les intelligences mises en présence de vérités démontrées. Et c'est seulement alors que la volonté d'harmonie s'appelle raison. Devant ces valeurs spéciales, elle doit être prête à faire reculer les prétentions de toutes les autres séries de valeurs. Elle ne se fiera donc plus à l'autorité, ni à l'enthousiasme. Bien plus, elle se tiendra prête à rectifier, en fonction de ses découvertes, les concepts impliqués dans les mots tels qu'a pu les façonner, sous des influences diverses – religieuses, magiques ou techniques – la pensée primitive. Elle se

Chapitre IX

façonnera au besoin son langage à elle, en tenant compte à la fois des propriétés réelles des choses et des aptitudes rationnelles de l'esprit. Travaillant sur un donné spécial elle le repétrira selon des exigences intellectuelles.

Et il se peut qu'on découvre dans ce travail des traces de conventions qui sont autant d'hypothèses essayées par l'esprit pour se rendre les choses intelligibles.

Mais pourquoi ces conventions demeureraient-elles liées aux inspirations religieuses de la conscience collective ? C'est ce qu'on n'aperçoit pas. Il va de soi que l'effort de l'esprit pour découvrir des concepts qui tiennent compte des propriétés des choses a dû s'exercer très tôt : même quand la pensée religieuse dominait et couvrait tout de ses croyances impératives, il est invraisemblable que l'homme n'ait pas remarqué nombre de ressemblances ou de régularités réelles.

Les classifications qu'on nous offre en exemples, et qui répartissent les objets ou les êtres de l'univers, selon les tribus auxquelles ils sont sensés appartenir, laissent voir parfois que les êtres ou les objets sont groupés d'après des propriétés objectives. La pluie, le tonnerre, l'éclair, les nuages, la grêle, l'hiver, qui ressortissent du clan du corbeau, sont aussi, dans la nature, de la même famille. Le poisson, le phoque, l'anguille, les arbres à écorce lisse présentent à des degrés divers des ressemblances avec le serpent, emblème d'un autre clan. Les esprits qui ont construit ces concepts, quelque emprise qu'aient pu avoir sur eux les croyances religieuses, se sont révélés aptes à relever des similitudes.

Au surplus, il est difficile d'admettre que cette aptitude ne se mette en action que par la vertu des croyances religieuses, comme il serait difficile d'admettre que tous les mots qui vont servir de supports aux concepts soient des mots magiques ou sacramentels. Dans les premiers ateliers de forgerons ou de potiers, l'artisan a dû trouver, pour désigner et se faire apporter par ses aides les outils dont il avait besoin, des mots correspondant aux diverses catégories d'outils : ceux qui servent à serrer, ou à frapper ou à modeler : tenailles, marteaux, polissoirs. Il est inévitable que la vie pratique suggère ses classifications comme la vie religieuse suggère les siennes ; les unes et les autres tenant compte, à des degrés divers, de deux éléments qu'aucun enthousiasme collectif, semble-t-il, ne saurait créer de toutes pièces : la nature des choses et la nature de l'esprit.

*
**

Nous entendons bien que, comme la nature des choses elles-mêmes, la nature de l'esprit est soumise à la loi d'évolution. Il ne s'agit pas de revenir à l'idée que la raison est donnée toute faite, et comme tout armée. Le plus clair résultat de tant de recherches et de réflexions sur les conditions de la conscience est de nous avertir qu'en ces matières aussi l'histoire a sa part. Les siècles travaillent à façonner le bouclier de Minerve ; la raison elle-même est en devenir : la forme qu'elle revêt dans l'esprit humain est le fruit d'un développement. Mais qui dit développement dit germe. Les expériences les plus variées – celles que multiplie la magie aussi bien que celles que multiplie la technique – ne mettraient pas au jour les catégories que nous connaissons si l'homme ne réagissait pas devant ces expériences, selon certains modes prédéterminés par sa nature elle-même. Cette nature est-elle tout entière création sociale ? Un exemple montrera combien il est difficile de l'admettre. On connaît le mot d'Aristote : l'homme pense parce qu'il a une main. Et il est vraisemblable que parce qu'il est capable de saisir les objets, de les tourner et retourner, de les éloigner et de les rapprocher de lui, l'homme a plus de facilité que tout autre animal pour projeter les choses hors de lui, pour objectiver ses impressions ; ce qui est la première condition de l'exercice de la pensée. Mais ce précieux instrument intellectuel qu'est la main est-il donc un don social ? On conçoit que l'usage que nous faisons de nos mains soit déterminé en quelque mesure par des traditions impératives : on a pu soutenir que la prédominance de la main droite s'expliquerait par des raisons religieuses plus que par des raisons organiques. Nul n'ira pourtant jusqu'à prétendre que si nous avons des mains, c'est parce que nous vivons en société.

Preuve que les forces nées de la vie en commun ont toujours à travailler sur un certain nombre de formes données. Preuve que modificatrices, adjuvantes ou contraignantes tant qu'on voudra, elles ne sont pas pour autant créatrices uniques.

Chapitre IX

Chapitre X
Conditions sociales du progrès scientifique [1]

Si l'autorité religieuse de la société opère le dressage de la raison naissante, la libération de la raison reste un problème : il faut qu'elle soit capable de résister à la pression des traditions religieuses, et même à celle des tendances nationales. Le collectif et l'universel.

Diverses conditions de nature sociale aident à l'élargissement de l'horizon intellectuel. Les réducteurs du mysticisme primitif. L'influence de la multiplication des contacts entre groupes. Les courants de vie internationale.

L'exemple de la Grèce antique. Elle ne connaît ni sacerdoce dominateur ni religion absorbante. L'influence du commerce et des colonies est favorable à la libre recherche. Christianisme et science moderne

La pression exercée par la société, l'exaltation entretenue par les représentations collectives aident sans doute l'individu à organiser non seulement sa vie morale, mais sa vie intellectuelle.

Nous n'avons pas cru devoir accorder toutefois que cette force adjuvante fût créatrice : la société ne constituerait pas de catégories si un embryon de raison n'était donné dans l'individu.

Il importe d'ajouter que cette force adjuvante peut aisément devenir paralysante, et que dans tous les cas la libération de la raison reste un problème.

L'autorité religieuse de la société opère, nous dit-on, le dressage de la raison naissante ? Il restera alors à expliquer ce qu'on pourrait

1 G. MILHAUD : *Le rationnel* (Paris, Alcan, 1898).
G. MILHAUD : *Leçons sur les origines de la science grecque* (Paris, Alcan, 1893).
GOMPERZ : *Les penseurs de la Grèce* (Trad. fr. Paris, Alcan, 1908).
BURNET : *L'aurore de la philosophie grecque* (Paris, Payot, 1919).
DUBOIS-REYMOND : *Histoire de la civilisation et de la science,* dans la « Revue scientifique », 1878, tome XXI.
V. EGGER : Science *ancienne et science moderne,* dans la « Revue internationale de l'enseignement supérieur », septembre 1890.
RENOUVIER : *Philosophie analytique de l'histoire,* tomes et II (Paris, Leroux, 1896).

Célestin Bouglé

appeler la deuxième naissance de la raison. Un moment vient où elle se pose en s'opposant à toute tradition ; elle se redresse contre toute autorité collective. Penser par soi-même devient non pas seulement un droit, mais un devoir. La valeur propre de la raison humaine est proclamée.

Cette émancipation demeurerait elle-même un mystère, si n'entraient en action d'autres forces que celles qui dominent dans l'âge mystique. Car il est trop clair que celles-ci, impératives par nature, sont normalement conservatrices. Des *croyances obligatoires,* commandant un certain nombre de pratiques relatives aux objets donnés dans ces croyances, telle est, selon Durkheim, la caractéristique commune à toutes les religions. Ce serait donc pour elles une tendance commune que d'empêcher les innovations, et de craindre les découvertes comme des hérésies. Une croyance obligatoire tend naturellement à se perpétuer : elle crée des institutions pour la défendre : où un sacerdoce se constitue, il travaille le plus souvent à élaborer un dogme. Or en admettant que les premiers mythes aient contribué à éveiller la raison, les dogmes tendent à l'endormir. Ils visent au *statu quo* intellectuel. C'est dire qu'à leurs défenseurs la libre curiosité fera bientôt l'effet d'un péché. Les peuples anciens, dit Renan, virent tous dans la science « un vol fait à Dieu, une façon de le braver et de lui désobéir ». L'ancêtre du savant, le magicien qui prétend entrer en communication directe avec les puissances invisibles, et qui met en œuvre les recettes que lui enseignent des expérimentations est le plus souvent un hors-la-loi. Le sorcier est brûlé par les prêtres. À plus forte raison le savant proprement dit doit-il être suspect aux gardiens des croyances : s'il est vrai que par définition il est un douteur, si pour démontrer ou vérifier il n'accepte l'intervention d'aucune autorité, s'il cherche la vérité par les seules forces de son esprit, « en avant » et non « en arrière ». Le premier mot de cette discipline nouvelle qui est la discipline de la science, c'est liberté, c'est émancipation à l'égard de toutes les traditions sociales.

*

**

Dans ces traditions dont la raison doit être prête à se dégager, il importe de ranger non seulement les croyances religieuses proprement dites, mais aussi bien les tendances quasi instinctives des sociétés, les manières de penser qui leur sont propres, et jusqu'aux prédilections qui deviennent essentielles à chacune d'elles. On nous montre la vie intellectuelle s'organisant à l'intérieur de groupes définis, clans, cités, nations, sous l'influence et comme par la grâce des forces de nature hyper-spirituelles qui naissent de la vie en commun : les formes de la vie intellectuelle apparaissent donc liées à la structure des groupes. La pensée est d'abord la pensée d'un corps social. D'où il suit qu'il devrait y avoir autant de types de pensée que de types d'association. Et en fait, on sait assez que d'une manière générale la pensée tend à prendre la couleur des sociétés. Si une « psychologie des peuples » est possible, c'est précisément parce que les peuples, devant les spectacles de la nature ou les crises de l'histoire, ne réagissent pas tous de la même manière.

Les langues elles-mêmes ne témoignent-elles pas clairement de ces différences ? L'étude du vocabulaire révèle comment un peuple classe les êtres et les choses ; celle de la syntaxe comment il enchaîne les idées. Les manières de parler, une fois consolidées, canalisent en quelque sorte les manières de penser. Ainsi des systèmes de représentations collectives se construisent dont chacun interprète le monde à sa façon. Chacun d'eux est un miroir déformant tendu à la nature. En ce sens les nations mettent leur marque non seulement sur la terre qu'elles aménagent, mais sur les idées qu'elles élaborent. En ce sens on a pu parler de vérités françaises, allemandes, américaines. Mais – ces expressions elles-mêmes nous en avertissent – on aboutirait à d'insoutenables paradoxes si l'on voulait maintenir que la pensée ne fait qu'exprimer en tout et pour tout les tendances et habitudes sociales. Faudrait-il du moins distinguer nettement ici entre les divers ordres d'activité intellectuelle. La littérature, a-t-on dit, est l'expression de la société. Thèse recevable dans une large mesure : s'il est vrai qu'à travers légendes et romans, drames et comédies, on aperçoit surtout l'idée que les membres d'une société se font d'elle et l'idéal qu'elle leur suggère. Nul ne saurait nier ce qu'a pu faire l'art à ce point de vue pour la défense et illustration des valeurs nationales. Mais ce qui constitue le sens et la valeur propre des vérités scientifiques, c'est qu'elles s'opposent ici à l'ensemble des autres valeurs. Les vérités

Célestin Bouglé

scientifiques sont universelles par définition, démontrables à tous, vérifiables par tous ; et comme elles ne reflètent plus la couleur d'aucune terre, elles ne se laissent plus arrêter par aucune frontière.

Et sans doute, jusque sur l'œuvre de la recherche intellectuelle, les génies nationaux mettent leur empreinte. Des prédilections et des aptitudes spéciales se manifestent. On ne démontre pas, on ne vérifie pas exactement de la même façon des deux côtés de la Manche. Sous tels cieux, les expérimentateurs dominent ; sous d'autres, les géomètres. L'influence diversifiante des langages continue de se faire sentir jusque sur le terrain des conquêtes scientifiques. En ce sens encore le mot de Pasteur est vrai : « Le savant a une patrie. » Mais il disait d'abord : « La science n'a pas de patrie », indiquant par là et qu'aucune limite ne peut arrêter l'expansion de vérités acquises, et qu'aucun respect ne doit arrêter l'effort de l'esprit pour les acquérir. Si le savant au moment où il fait œuvre de recherche prend conscience des préférences spontanées que le tempérament de son groupe peut lui suggérer, ce sera pour s'en défier ; comme de toutes préférences *a priori*. La pensée scientifique ne se modèle sur la nature que si elle est prête à se détacher du corps national. « J'écris même pour les Turcs », disait Descartes. Il rappelait ainsi qu'en matière de science proprement dite, il est contradictoire de lier vérité et nation. Qu'il s'agisse de géométrie ou de chimie, d'astronomie ou de biologie, une proposition n'est scientifique que si elle est valable en principe pour tous les esprits humains.

C'est dire qu'il y a lieu de maintenir la distinction entre le collectif et l'universel quand on a démontré qu'une idée revêt une forme collective, on n'a pas encore démontré pour autant qu'elle possède une valeur universelle. *Entre l'individuel et l'universel, le collectif est un intermédiaire.* Le groupe en dominant notre vie intellectuelle nous impose des manières de penser qui ne nous sont pas particulières : mais elles lui sont particulières. Il nous donne de l'élan pour sortir de nous. Mais si d'autres influences ne venaient à la traverse, ne risquerait-il pas de nous emprisonner dans un cercle ? Les croyances consacrées du groupe, c'est le lac fermé ; les vérités universelles de la science, c'est la vaste et libre mer. Du lac à la mer, quel fleuve nous conduira ?

*

Chapitre X

**

Diverses conditions de nature sociale aident sans doute à l'élargissement de l'horizon intellectuel et préparent le dégagement de la raison.

Travaille pour elle, d'abord, tout ce qui travaille spontanément à limiter le pouvoir de la religion. Quelque envahissant qu'ait pu être le mysticisme primitif dans les sociétés humaines, il rencontre bientôt des réducteurs d'origines variées. Les sociétés humaines ne peuvent se compliquer et se développer sans que des centres d'intérêts, et aussi des centres de forces apparaissent, sur lesquels les gardiens de la religion exercent difficilement un contrôle absolu. « Le premier qui fut roi fut un soldat heureux », disait Voltaire. Nous ne concevons plus les choses aujourd'hui de façon aussi simple. À la racine du pouvoir royal lui-même, il y a des prestiges mystiques. M. Frazer répondrait volontiers : « Le premier qui fut roi ? un magicien habile. » N'empêche que le roi, une fois intronisé, et même s'il reste prêtre ou magicien à sa manière, voit les choses d'un œil nouveau. Il a une force armée à constituer, des terres à rassembler, des populations à administrer. Il se place à un point de vue politique qui ne coïncide pas toujours avec le point de vue religieux : l'*imperium* reste souvent coalisé sans doute avec le *sacerdotium,* mais non sans réclamer, pour le gouvernement de toutes sortes d'intérêts temporels, une part croissante d'autonomie. Des valeurs naissent ainsi dans le champ de la politique, que l'ombre des temples ne réussit pas à couvrir en entier.

Que dire alors de celles qui naissent sur les marchés, sous l'influence de la vie économique ? Chacun sait les transformations que les marchés, invitant les échangistes rassemblés à faire abstraction de leurs différences d'origine, imposent aux règles du droit. Mais n'agissent-ils pas sur les croyances elles-mêmes ? Ne tendent-ils pas, naturellement, à en diminuer l'empire ? Le souci des intérêts économiques engagés tend à créer un mouvement d'idées autonomes. Les détenteurs de la richesse qui naît à l'abri de ces conventions prennent conscience de la force nouvelle qu'elle met entre leurs mains. Et bientôt ils se mêlent de juger les choses à leur point de vue, distinct de celui des rois comme de celui des prêtres. N'est-ce pas ainsi qu'Auguste Comte, dans l'opuscule qu'il écrivait au temps où il collaborait avec Saint-Simon, – la *Sommaire*

Célestin Bouglé

appréciation de l'ensemble du passé moderne, – explique le double mouvement en sens inverse qui lui paraît caractéristique de notre civilisation : déclin du pouvoir catholico-féodal, élévation des communes ? La « capacité industrielle » réclamant son droit au soleil, exigeant une puissance politique proportionnée à sa puissance économique, telle fut la principale force qui fit reculer l'ancien régime.

D'origine politique ou d'origine économique, que ces systèmes de forces laïques, en réduisant la part des forces religieuses, servent la cause de la liberté et par conséquent celle de la raison, rien de plus vraisemblable pour qui se souvient que la multiplicité des principes à elle seule ouvre des possibilités d'émancipation. Guizot remarque que si la civilisation occidentale est plus libérale que les autres, c'est précisément parce que moins que toutes les autres elle se laisse subordonner à un principe unique. Où l'autorité est partagée, où les centres d'attraction et de pression, d'intérêts et de forces sont multiples, où les valeurs sont différenciées, la valeur propre de la raison a plus de chances de se faire reconnaître.

*
**

Ces chances augmentent d'ailleurs du seul fait que se multiplient les contacts entre groupes, et que des courants de vie internationale s'établissent. Il faudrait, pour mesurer le prix de ce fait nouveau, se rappeler que, après tout, il y a lieu de distinguer entre civilisation et société.

C'est le mouvement de la civilisation en général qui a le plus souvent retenu l'attention des fondateurs de la sociologie. Auguste Comte étudie moins les sociétés dans leurs formes typiques que l'humanité en marche appuyée sur la science. Les successeurs de Comte, pour préciser les idées ont voulu spécifier les recherches. Et d'abord ils ont mis en lumière les substrats sociaux, de types différents, en fonction desquels s'organisent droit, morale, croyances. Ils ont rattaché aux formes sociales définies les représentations collectives elles-mêmes. Est-ce à dire que ces représentations soient soumises aux seules influences qui émanent du groupe fermé, clan, cité ou nation ? Mais dès les phases primitives, on s'aperçoit qu'il n'y a guère de groupe strictement fermé. Les civilisations débordent les frontières des groupes. Il y a pour les idées comme pour les techniques des aires d'extension sans limites définies. Pèlerins et commerçants emportent du nouveau chez l'étranger et en rapportent du nouveau. Et ainsi, comme Durkheim lui-même devait être amené à l'établir, un milieu moral se constitue qui est une civilisation, dont chaque culture nationale n'est qu'une forme particulière. « Il n'y a pas de vie nationale qui ne soit dominée par une vie collective de nature internationale. »

Comment cette domination peut aider à la généralisation des idées, on le devine. Le commerce entre groupes conduit à détacher les dieux eux-mêmes des groupes, et rend possible une religion supra-nationale. Quand Rome voit cohabiter dans ses murs des « pérégrins » de tous les pays du monde, et entre en rapports réguliers avec toutes sortes de cités, un Droit s'élabore qui déborde la cité : un Droit rationnel et humain apparaît comme un idéal. De toutes manières, là où des gens hier étrangers les uns aux autres, étonnants les uns pour les autres, ont l'occasion, comme disait Montaigne, de frotter et limer leurs cervelles, l'autorité des croyances impératives et exclusives est ébranlée : la libération de la raison est préparée.

*

**

Le cas privilégié de la Grèce antique ne permettrait-il pas de vérifier ces thèses ? Tout le monde a redit qu'elle fut le berceau de la raison, que sur ses bords heureux l'humanité a appris à penser par elle-même et a élaboré le premier modèle d'une science positive. Science rationnelle sans doute, d'une façon générale, plus que science expérimentale. Malgré la part d'observations incorporée dans leurs théories, les penseurs de Grèce semblent plus aptes à démontrer qu'à vérifier. En tous cas, la curiosité intellectuelle est devenue chez eux une passion maîtresse. Ils veulent savoir pour savoir. Ils veulent comprendre par la seule puissance de l'intelligence humaine. Et ils écartent de son chemin toutes les ronces – soucis pratiques ou révérences religieuses, - tout ce qui risquerait d'arrêter sa libre enquête. C'est cet esprit qu'ils ont ajouté aux connaissances mathématiques, géométriques, astronomiques que leur léguait la civilisation orientale ; et c'est par cet esprit qu'ils

Célestin Bouglé

ont fertilisé cet apport. On a pu démontrer que ce qu'avaient amassé en matière de sciences Chaldéens et Égyptiens, c'était surtout des recettes pratiques, des observations de fait. La théorie explicative manquait, qui ordonne les idées et construit un corps de sciences : en fait de théories, on se contentait de mythes. La raison grecque est plus audacieuse et par là même plus féconde.

On a dès longtemps remarqué que la conception grecque de la religion se prêtait mieux que toute autre à cette libération. Son anthropomorphisme esthétique ennoblit au lieu de déprécier la nature humaine. Les dieux de l'Hellade ne sont que des hommes divinisés, non des monstres informes et redoutables. En face de ce Panthéon où il se reconnaît, l'esprit grec reste libre et serein.

D'ailleurs, il n'y a pas, en Grèce, remarque Renouvier, plus de place pour un sacerdoce dominateur que pour une religion absorbante. Les fonctions sacerdotales ne sont pas réservées à une caste orgueilleuse. Le chef de famille les exerce chez lui. Et quant aux rites publics, beaucoup d'entre eux sont menés par les représentants de la cité élus ou tirés au sort. Il ne se forme pas un corps spécial de gardiens des croyances qui les érigerait en dogmes. Tandis que la mythologie foisonne, l'orthodoxie est quasi-inconnue. Si on oblige les gens à ne pas manquer aux obligations du culte, du moins est-on aussi préparé que possible à les laisser croire, réfléchir, chercher à leur guise.

Il a été bien des fois noté que pour un premier lot de vérités acquises, les temples présentent de grands avantages. On y a le loisir d'observer. On y a le goût de conserver. Ainsi furent consignées les notations des astrologues chaldéens ou babyloniens. Aristote explique de même par leur organisation sacerdotale l'avance des Égyptiens en géométrie. Mais ce qui est utile pour les débuts devient souvent un obstacle à l'élan ultérieur. Vient un moment où le sacerdoce découvre d'autant moins qu'il conserve plus. Il faut que l'esprit souffle d'ailleurs, et que la recherche s'installe à l'air libre. Sur ce point, on peut admirer, selon la remarque de Gomperz le double privilège de la Grèce : « Par une faveur spéciale, le peuple grec a eu des prédécesseurs qui possédaient des corporations de prêtres, mais lui-même en a toujours manqué. » Ainsi ils ont pu recueillir l'héritage des Babyloniens et des Égyptiens, mais sans s'arrêter aux bornes sacrées qui avaient arrêté leurs prédécesseurs.

Chapitre X

Au surplus, la structure même du monde hellénique et le mouvement qui l'anime ne sont-ils pas spécialement favorables à la libre recherche ? La Grèce n'arrive pas à constituer une nation véritable : elle forme du moins une pléiade de cités, pour la plupart maritimes, entre qui s'opère un incessant échange de denrées et d'idées. Le vrai centre de la Grèce est dans la mer, au milieu de cet essaim de colonies où les esprits les plus aventureux cherchent fortune, où les préjugés sont plus vites ébranlés qu'ailleurs, où des échantillons de presque toutes les races se rencontrent et se croisent. Là sont brassés les apports de trois continents. Là se multiplient les frictions qui empêchent la stagnation. Là doivent donc, plus facilement qu'ailleurs, de Thalès de Milet à Démocrite d'Abdère, se créer les premiers foyers-écoles de chercheurs libres, qui sont tout différents des corporations sacerdotales hiérarchisées.

Dans l'espèce de témoignage qu'il a voulu se rendre à lui-même et où il affirme sa supériorité de théoricien-géomètre sur les arpedonaptes égyptiens, Démocrite débute ainsi : « J'ai voyagé plus qu'homme du monde. » Comme s'il se rendait compte du secours que le contact avec les traditions hétérogènes doit apporter à l'esprit scientifique naissant. La vie internationale intense, disions-nous, contribue à libérer la vie intellectuelle ? Nulle part cette condition n'a été plus spontanément réalisée que dans l'antique Hellade. Et c'est peut-être une des raisons qui concourent à expliquer le « miracle grec ».

Pourquoi ce beau feu n'a-t-il pas duré ? Pourquoi, après que tant de sciences, de l'astronomie à la médecine, de la géométrie à la sociologie, ont été amorcées dans l'antiquité grecque, n'a-t-on pas vu s'accélérer leur progrès, comme on aurait pu s'y attendre ? On en peut trouver des raisons diverses. D'abord, à ces admirables initiateurs que sont les Grecs, le sens de l'organisation paraît manquer. Pour que la science progresse, il est bon, à partir d'un certain moment du moins, qu'elle devienne œuvre collective et concertée, que le travail se divise, que les expérimentations se multiplient, et se contrôlent. Renouvier parle quelque part de l'espèce d'association spontanée qui à l'époque moderne s'est formée entre les savants, permettant la communauté et la continuité de la recherche. Les Grecs n'ont pas su tisser ce réseau. Il faut dire d'ailleurs que l'établissement n'en est pas rendu

Célestin Bouglé

facile par les secousses de toutes sortes que le monde hellénique subit. Après la conquête macédonienne, la domination romaine, puis l'avènement du christianisme. Autant de révolutions dont le principal inconvénient, selon Milhaud, est qu'elles font passer au premier plan des problèmes pratiques, politiques, moraux ou religieux : l'élan désintéressé nécessaire aux découvertes s'en trouve paralysé.

Il y eut en particulier comme un retour offensif du mysticisme, dont le rationalisme devait pâtir. On sait la réflexion que fit Hadrien lorsqu'il revit Alexandrie au II⁰ siècle. La ville de la fameuse Bibliothèque qui fut un essai de concentration des richesses scientifiques, la ville qui connut Euclide, Hipparque, Posidonios, était devenue le rendez-vous de toutes les superstitions orientales. L'intérêt n'était plus aux recherches précises sur la matière ou sur les nombres. L'au-delà commençait à absorber les esprits.

De cette absorption, il va sans dire que le christianisme doit être particulièrement responsable. Il ne prêchait pas seulement le mépris des biens de ce monde, mais celui des lois naturelles. Il demandait l'amour et la foi, non la science, et encore moins l'esprit critique. On a fait observer pourtant que la révolution qu'il impose aux consciences ne fut pas sans servir indirectement la cause de la science. Il aurait donné au monde, en particulier, ce que les Grecs, raisonneurs avant tout, n'avaient pas atteint du premier coup : le goût des vérités expérimentales.

On emploie d'ailleurs, pour démontrer cette thèse, des arguments assez différents, sinon contradictoires. Pour M. Dubois-Reymond, si « la science moderne doit son origine au Christianisme », c'est que le monothéisme a introduit dans les esprits l'idée d'une vérité absolue, à laquelle il faut être prêt à tout sacrifier : idée d'un « effrayant sérieux » qui devait rendre impossibles ces « conversations charmantes sur les probabilités apparentes » où se complaisaient les Grecs. Au contraire, pour M. Egger – dont Renouvier paraît adopter les remarques – le christianisme, en réservant à la foi les vérités absolues, seules véritablement explicatives, rend l'esprit scientifique plus modeste : il sera prêt, dans l'ordre des phénomènes sensibles, à constater sans comprendre, à expérimenter sur la nature sans vouloir qu'elle, lui soit toute transparente : humilité relativiste qui est la première

Chapitre X

condition de conquêtes nouvelles.

Quels que soient les services que la conception chrétienne de la nature ait pu rendre par ce détour de la science expérimentale, une chose reste sûre : c'est le danger que la domination d'une religion de forme nouvelle, prosélytique et dogmatique, présente pour la libre recherche scientifique.

Le christianisme réussit bientôt à se créer les organes qui manquaient à la religion de la Grèce antique : un sacerdoce hiérarchisé travaille à fixer l'orthodoxie et à transformer les mythes en dogmes. La religion nouvelle déborde les frontières des États, mais non sans essayer de mettre à son service la force des États. Une ambition la possède, dont les religions antiques n'étaient pas animées. Celles-ci restaient le plus souvent nationales : attachées à un groupe, servant son idéal propre, aidant à défendre son intégrité, elles ne cherchaient pas à recruter au dehors d'adhérents étrangers. Autres cités, autres croyances : la diversité paraissait naturelle et légitime. Le Christ au contraire est venu apporter la bonne nouvelle pour tout le monde. Sous quelque ciel que ce soit ; à quelque race, à quelque État qu'elles appartiennent, ses apôtres veulent sauver les âmes. De là un incomparable élan de fraternité. Mais de là aussi des risques redoutables d'intolérance. Le prosélytisme devient facilement impérialiste. Une foi sûre de sa valeur universelle cherche les moyens de s'imposer. Ainsi les nuages s'amoncellent, et de grosses menaces sont suspendues sur la liberté.

Certes, l'antiquité grecque, où nous avons salué l'asile des esprits libres, n'a pas ignoré l'intolérance. La mort de Socrate en est la plus tragique preuve. Mais lors même que la cité antique persécute, son intolérance est plus politique que religieuse : elle réclame surtout un conformisme extérieur. Elle laisse relativement libres les croyances elles-mêmes. Au contraire, c'est sur l'intérieur des âmes que veut agir le christianisme devenu religion d'État. C'est la foi qui sauve, et puisque la foi assure le salut éternel, de gré ou de force il faut qu'on croie. D'où la chasse aux doctrines contraires aux dogmes consacrés, comme aux méthodes dangereuses à la foi docile. L'intolérance devient d'autant plus redoutable, qu'elle apparaît à ceux qui la pratiquent comme une forme supérieure de la charité.

Célestin Bouglé

Il va de soi qu'en dehors des vérités nécessaires au salut, nombre de questions restent ouvertes, nombre de recherches restent loisibles. On distingue des ordres de vérités, et c'est une distinction dont la liberté profite.

De quel poids pourtant le système pèse sur la pensée tout entière, on n'a qu'à se rappeler, pour s'en rendre compte, ce que fut la science au beau temps de la scolastique.

On s'y bat à coups de textes, commentés par force syllogismes, la raison raisonnante s'y livre à toutes sortes d'exercices d'assouplissement, mais des « autorités » lui fournissent ses prémisses. La nature est ce qu'on regarde le moins. Et l'on ne constate point ici que le fidéisme se soit montré spécialement favorable à l'emploi de la méthode expérimentale.

En réalité, pour que la science progresse d'un mouvement d'ensemble, pour que la nature soit méthodiquement assiégée, pour que la valeur de la raison conquérante soit reconnue, il faut que de nouvelles transformations sociales permettent de revenir à la tradition de la pensée libre qu'avait inaugurée la Grèce : il faut une véritable renaissance de la raison.

Chapitre X

Chapitre XI
Science et Industrie [1]

Les raisons de l'ascension de la science. « L'âge de l'induction et de l'industrie. »_Philosophie matérialiste et philosophie intellectualiste, l'histoire. Influence de la pratique sur la pensée scientifique, des inventions sur les découvertes. Mais le progrès industriel ne s'accélère que par l'action d'une science organisée et autonome. Contre-coups imprévus des découvertes. Nécessité d'une culture scientifique désintéressée.

La science positive a gagné, dans nos sociétés, un prestige que rien, dans les sociétés primitives, ne pouvait faire prévoir. Elle est devenue une puissance respectée. Il n'est pas de gouvernement occidental, quelles que puissent être ses préférences pour les méthodes d'autorité, que l'opinion n'oblige à reconnaître que la société a besoin de savants, et qu'elle leur doit non seulement les moyens matériels, mais la pleine liberté intellectuelle nécessaire à leurs recherches. Laboratoires et bibliothèques sont devenus à leur tour des asiles sacrés. Sur la table des valeurs la science a décidément passé aux premiers rangs.

Comment s'expliquer cette ascension ? Des raisons économiques en sont les raisons les plus visibles. M. Dubois-Reymond dans ses études sur l'histoire de la civilisation et de la science, propose d'appeler notre âge, par opposition à l'antiquité classique, *l'âge de l'induction et de l'industrie*. M. Lecky dans son ouvrage sur la croissance et l'influence du rationalisme en Europe consacre un chapitre à ce qu'il nomme *l'histoire industrielle du rationalisme*. Les deux auteurs nous rappellent que si la raison chez nous est devenue indépendante et conquérante, elle le doit pour une large

---

1 LECKY : History of the Rise and Influence of the Spirit of rationalism in Europa (London, Crown, 1904).

ESPINAS : Les origines de la technologie (Paris, F. Alcan, 1917).

BERTHELOT : Science et libre pensée (Paris, Calman-Lévy, 1905).

MANTOUX : La révolution industrielle au XVIIIe siècle (Paris, Société Nouvelle, 1906).

SAGERET : La doctrine du syndicalisme intellectuel, dans le Producteur, n° de mars 1921.

LE CHÂTELIER : La section de science industrielle, dans la « Revue Scientifique », 1918.

Célestin Bouglé

part à la solidarité qui s'est manifestée entre sa cause et celle du progrès économique, à l'incessant échange d'actions et réactions qu'on a pu constater entre les deux puissances caractéristiques du monde occidental.

Quelles transformations de toutes sortes le perfectionnement des méthodes employées pour l'exploitation du globe a imposées aux sociétés modernes, on le sait de reste. Les Saint-Simoniens ont les premiers brossé ce tableau. Le matérialisme historique l'a rendu populaire. Ce qu'on n'a pas toujours assez remarqué, c'est que l'explication de ces perfectionnements eux-mêmes suppose à l'origine la mise en œuvre de forces qui n'ont rien de spécifiquement matériel. puisqu'elles sont celles de l'esprit en quête de vérité. Ce sont les découvertes qui ouvrent des voies royales à la grande industrie. Lorsque le commerce a démesurément étendu le rayon de ses échanges, lorsqu'on veut produire, non plus pour la famille ou la cité, non plus même pour la nation, mais pour une clientèle indéfinie dispersée dans le vaste monde, il ne faut pas seulement des ouvriers plus nombreux groupés dans les usines ; il faut des machines, il faut des moteurs, il faut un ensemble complexe d'appareils de transformation qui permettent d'utiliser les puissances disciplinées de la nature.

Une connaissance plus approfondie de la nature est la condition de cette organisation nouvelle. Les fouilles de la science rendent possible cet essor de l'industrie. Par des idées, donc, le mouvement de celle-ci est mené, son rythme accéléré. Sur ce point, Marx a besoin de Comte, et la philosophie matérialiste rejoint la philosophie intellectualiste de l'histoire.

*
**

Toutefois, pour préciser les rapports des deux systèmes de valeurs que sont la science et l'industrie, il faudrait distinguer des phases ; il faudrait se rendre compte aussi que l'industrie est loin d'être toute passive vis-à-vis de la science : pendant longtemps, celle-ci reçoit au moins autant qu'elle donne.

Il y aurait équivoque à vouloir identifier en tout et pour tout la technique et la science. Il y a toutes sortes de traditions et aussi toutes sortes d'inventions qui, sans être proprement scientifiques, contribuent à entretenir ou à perfectionner les moyens d'action des hommes. Dans les *Mémoires d'un Compagnon,* Agricol Perdiguier proteste avec énergie contre l'idée que la vie des arts et métiers soit suspendue à la seule science : professeur de « trait » lui-même, il rappelle qu'une sorte de géométrie empirique et pratique se transmet dans les aide-mémoire des corporations. Berthelot a dès longtemps montré comment par les secrets d'ateliers, par des manuels de métiers, par les *Formules de Teinture,* ou par la *Clé de la Peinture,* par exemple, un trésor de recettes chimiques a pu passer de l'antiquité aux temps modernes. Que manque-t-il à cette tradition, pour constituer un corps de science ? L'effort pour découvrir des vérités centrales, autour desquelles le reste se coordonne, le souci de la théorie. Mais les recettes ne vont pas sans observations utiles à la science même ; et l'ambition de modifier la matière, ambition elle-même surexcitée par le désir de richesse et de puissance, développe justement ce goût qui a manqué le plus à la science antique et qui devait être si fécond pour la science moderne : le goût de l'expérimentation.

Dans cette influence de la pratique sur la pensée, M. Weber voit la principale différence entre esprit grec et esprit moderne : celui-ci plutôt praticien, celui-là théoricien. « La science, au lieu d'être confondue avec la philosophie, ne s'arrache à la tradition, à la scolastique et au verbalisme que grâce aux inventions pratiques, qui naissent et se développent dans des milieux tout autres, dans l'atelier du mécanicien ou de l'ingénieur militaire, dans la corporation industrielle, dans l'officine de l'apothicaire, dans le laboratoire de l'alchimiste, dans le cabinet de l'astrologue ou du médecin. »

Nombre de faits, à n'en pas douter, cadrent avec cette théorie pragmatique. Quand ce ne serait que les services rendus à la recherche scientifique par l'outillage industriel. Combien de découvertes ont dû attendre l'instrument de précision qui les rendait possibles ! Des lunettes plus puissantes ont permis de rectifier les erreurs de l'astronomie ancienne. Sans le spectroscope, pouvait-on songer à déchiffrer la constitution des étoiles ?

Mais il y a plus. Les découvertes empiriques des techniciens suggèrent des solutions aux savants, leur posent des problèmes, orientent et stimulent leurs recherches. Un Vaucanson, un Papin, un Arktwright même, s'ils ne sont pas capables de faire la théorie de leurs découvertes, ouvrent des perspectives à la science en même temps qu'à l'industrie.

Étudiant la révolution industrielle en Angleterre, M. Mantoux nous fait observer qu'au premier moment tout est empirisme et tâtonnement. Qu'il s'agisse de l'industrie textile ou des industries métallurgiques, un mouvement spontané précède le mouvement réfléchi, des nécessités économiques provoquent chez les gens de métier des efforts spontanés. Et ce sont leurs trouvailles qui transforment les conditions de la production. Un John Kay, un J. Wyatt ne sont nullement des savants : l'un invente pourtant la navette volante qui permet de tisser plus vite des pièces plus larges, l'autre la machine à filer qui permet de répondre aux demandes accrues du tissage. De même, l'insuffisance de la production du fer en Angleterre, les hauts prix que la Suède lui fait payer suscitent l'ingéniosité des Dudley, des Darby, des Cort : la houille est employée dans les hauts fourneaux, le puddlage est découvert.

Tant d'inventions ne manquent pas d'ailleurs d'éveiller dans beaucoup de milieux la curiosité scientifique. On comprend que par des connaissances plus nombreuses et mieux ordonnées l'industrie sera mieux servie. Des sociétés se fondent, qui se donnent pour tâche de rapprocher l'usine et le laboratoire. Le *Collège des Sciences et des Arts* fondé à Manchester, au centre de l'industrie cotonnière, entend Dalton lui exposer la loi des proportions multiples à laquelle l'ont conduit ses recherches sur les gaz. À la Royal *Institution* de Londres que Remford met sur pied, Young fait part de ses théories sur la lumière, Davy de ses découvertes en électro-chimie.

M. Élie Halévy, qui signale ce foisonnement de recherches sur le terrain tourné et retourné par l'industrie, peut conclure que la thèse du matérialisme historique est vraie, du moins en Angleterre au début du XIXe siècle : « La théorie scientifique naît de la pratique industrielle. »

Mais la remarque se laisse-t-elle généraliser ? Et allons-nous donner raison, non seulement au matérialisme historique, mais au pragmatisme, en concluant que toujours et partout, du besoin ressenti, de l'action essayée, surgit l'idée que la science démontre ou vérifie ? La conclusion ne cadrerait pas avec tous les faits : bien loin de là. Dans l'histoire des rapports entre la science et l'industrie, il faudrait distinguer des moments, disions-nous. Et. l'industrie ne peut en arriver à la phase du progrès accéléré qui est sa caractéristique dans l'époque moderne sans qu'il existe une science organisée et autonome. L'industrie ne peut prendre l'allure d'un fleuve qui s'élargit, sans que continuent à jaillir sur les hauteurs des sources d'idées pures.

Il suffit, pour s'en rendre compte, de se représenter l'énorme consommation de science théorique à laquelle se livre l'industrie moderne. « Quel constructeur de chaudières à vapeur, demande M. H. Le Châtelier, pourrait se passer des lois de la tension de la vapeur d'eau étudiées par Regnault ? » Quel constructeur d'instruments d'optique ne met pas à profit les recherches qui ont montré comment l'indice de réfraction varie en fonction de la longueur d'onde de la lumière et de la composition chimique ? Comment combiner un télégraphe sans la possession des lois électro-magnétiques découvertes par Ampère ?

Le remarquable, c'est que la plupart de ces recherches ou calculs qui permettent tant d'applications, ont été menés en tout désintéressement, sans souci des applications possibles. Descartes, en étudiant les lois de la réfraction, songeait-il à la fabrication des lunettes, jumelles ou microscopes ? Newton, formulant les lois de la gravitation, évoquait-il les navigateurs errant dans la nuit, qui devaient être sauvés par la « Connaissance des Temps » ? Il garde l'œil à l'objectif de sa lunette : c'est sans l'avoir voulu qu'il sert les intérêts terrestres.

Un Torricelli, un Pascal, par leurs recherches sur le vide et la pesanteur de l'air, préparent, sans s'en douter, les voies à un Papin : la machine à vapeur est d'abord une machine atmosphérique, et c'est pour faire le vide sous le piston qu'on utilise la condensation de la vapeur.

L'imprévu, en cette matière, est la règle. L'inventeur d'une théorie serait le plus souvent incapable de mesurer les conséquences pratiques dont elle est grosse. Et pour qu'elle porte toutes ses conséquences, il vaut mieux qu'il ne s'en soit pas lui-même préoccupé. Que le démon de la curiosité pure le pique et l'entraîne vers les régions inexplorées ! Que la Chasse de Pan, comme disait

Célestin Bouglé

Bacon, soit menée méthodiquement dans toutes les forêts. Un idéalisme prodigue se révèle plus enrichissant, au bout du compte, qu'un utilitarisme à courte vue.

Pour rendre cette vérité sensible, M. Sageret nous invite à imaginer, parlant au nom de la *Confédération Générale des Travailleurs intellectuels,* qu'un Conseil de perfectionnement des moyens de transport se soit réuni au XVIIe siècle. Raisonnablement, que devait-il étudier ? L'élevage des chevaux, l'amélioration des véhicules, le bon entretien des chaussées. Celui qui aurait dit : « Occupez-vous donc plutôt de l'effet de l'eau acidulée sur des couples de métaux différents », aurait été traité en fou. Et pourtant, ce fou aurait eu raison contre les sages : c'est le courant électrique qui a opéré la plus grande révolution dans les transports.

*

**

Quelles conclusions ces remarques nous imposent-elles ? Elles nous rappellent la nécessité d'aimer la raison pour elle-même, et d'être prêts à en défendre le libre exercice contre toutes les attractions comme contre toutes les pressions : contre l'attraction des intérêts industriels aujourd'hui, comme, naguère, contre la pression des croyances religieuses. G. Milhaud, dégageant de l'étude de la géométrie grecque « une condition du progrès scientifique », nous avertissait que celui-ci dépend « moins des sollicitations extérieures que de la facilité avec laquelle la pensée sait s'en écarter pour s'abandonner aux séductions de la théorie pure ». Aujourd'hui, plus que jamais, il importe de se souvenir de cet avertissement. On a justement reproché au positivisme d'avoir voulu arrêter à un moment donné l'élan de la science. À l'astronomie, à la biologie, Auguste Comte ne semblait-il pas dire : « Tu n'iras pas plus loin » ? Tant il avait hâte de bâtir une foi nouvelle sur un lit de vérités immuables. L'industrialisme ne serait pas moins dangereux que le positivisme s'il ne voulait connaître qu' « une science qui paie » et s'il subordonnait au seul souci de la production matérielle l'organisation de tous nos ordres d'enseignement. Sauvons Minerve de Vulcain en rappelant que la raison n'est conquérante qu'à la condition d'être absolument indépendante ; et traitons-la comme une fin en soi, si nous voulons la voir continuer à jouer un rôle de moyen universel.

Un jour viendra sans doute où le peuple lui-même sentira le prix de cette valeur supérieure. Les divers groupements qu'il fonde, syndicalistes ou coopératifs, aiment à se placer aujourd'hui sur le terrain des « réalisations » économiques. Et la tendance n'est que trop naturelle. Mais l'élargissement même de leurs expériences amènera syndicalistes ou coopérateurs à se rendre compte que, de tant de forces qui luttent pour transformer le monde, la plus puissante peut-être est encore la libre recherche scientifique.

Un jour viendra, sans doute, où les divers organes de la démocratie industrielle rivaliseront pour mettre les ressources nécessaires à la disposition de la science pure : ayant vérifié que la liberté de l'esprit est la plus grande richesse de l'humanité.

Célestin Bouglé

Chapitre XII
Science et Morale [1]

Diversité des raisons sur lesquelles repose le prestige de la science. Les raisons politiques et morales. Solidarité entre la science et la liberté.

La « banqueroute de la science ». Si l'esprit scientifique engendre anarchie et inertie, quelles vertus suscite la culture scientifique ? Les arguments d'un mathématicien. Ceux d'un érudit. La science est capable d'harmoniser l'âme au profit de ses éléments nobles. Conjonction des valeurs qui suppose une dissociation préalable.

Est-ce à dire que la « volonté de vérité » suffise pour créer la « volonté de société » ? Insuffisance d'une éducation tout intellectualiste. L'initiation sociale suppose une culture des sentiments. En quel sens cette culture reste rationnelle.

Est-ce seulement sur le terrain de l'industrie que la science fait voir sa fécondité ? La libre recherche se trouve-t-elle servir seulement la vie économique ? Des conjonctions ne peuvent-elles pas s'établir, sur d'autres points, entre la valeur-vérité et d'autres types de valeurs différenciées ?

Pour répondre à cette question, il faudrait rechercher sur quelles raisons repose en fait, dans l'esprit public d'aujourd'hui, le prestige de la science. On s'apercevrait aisément que ces raisons sont d'origines assez différentes. Les transformations que les découvertes des savants impriment aux choses elles-mêmes sont, dit-on, les plus frappantes pour les masses. La terre aménagée raconte la gloire de la science. Mais ce n'est pas pour ces seuls triomphes qu'on l'honore. Même dans les masses un autre sentiment se fait

1 BERTHELOT : *Science et morale* (Paris, Calmann-Lévy, 1897).
RENAN : *L'avenir de la Science* (Paris, Calmann-Lévy, 1890).
BRUNETIÈRE : *La banqueroute de la Science* (Paris, Perrin, 1891).
H. POINCARÉ : *La valeur de la science* (Paris, E. Flammarion 1920).
G. BELOT : *La valeur morale de la Science* (dans la *Revue de métaphysique et de morale*, juillet 1914) ; *Études de morale positive* (2ᵉ édit., Paris, Alcan, 1921).
D. PARODI : *Le problème moral et la pensée contemporaine* (2ᵉ édit., Paris, Alcan, 1921).

jour. Aux raisons d'ordre économique, elles ajoutent volontiers des raisons d'ordre politique. Elles remercient la science de les avoir aidées à s'émanciper, et par là d'avoir ouvert les voies, non seulement au progrès de l'industrie, mais à celui de la démocratie.

La science ne peut multiplier ses conquêtes sans que la raison affirme son indépendance. Du moment où commence son travail propre de démonstration ou de vérification, celle-ci ne connaît plus de dogme, elle s'interdit tout respect. Il n'est pas étonnant que la généralisation d'un pareil état d'esprit apparaisse comme un danger pour les régimes d'autorité, pour ce que Chateaubriand appelle « les gouvernements d'adoration, de culte et de mystère ». D'autant que le plus souvent on a lié le respect demandé au peuple pour les institutions à un certain nombre de traditions présentées comme vérités irrécusables : on a appuyé par exemple l'institution monarchique aux dogmes catholiques.

Le jour où, sur un point ou un autre – qu'il s'agisse, du rapport du soleil à la terre, ou de l'origine des espèces – se trouvent contredits par les découvertes ou les théories des savants, l'édifice politique lui-même en est ébranlé. La croyance menacée compromet le régime qu'elle étayait. La ruine du préjugé annonce et entraîne celle du privilège.

Ruiner le préjugé pour ruiner le privilège, tel fut bien en effet le programme central de la philosophie française du XVIIIe siècle. Philosophie qui ne fut nullement, comme on l'a trop répété, une philosophie toute *a priori*, se contentant d'invoquer des abstractions, pour justifier les revendications du droit. En fait, au XVIIIe siècle, l'enquête scientifique devient une œuvre collective à laquelle toute l'opinion éclairée s'intéresse. En botanique comme en astronomie, en physique comme en chimie, on suit avec passion les découvertes qui se multiplient. L'Encyclopédie veut d'abord être une œuvre de science : inventaire des connaissances acquises et programme des recherches à poursuivre. Seulement cette œuvre scientifique était bien du même coup, dans la pensée de ses auteurs, œuvre pratique. En connaissant mieux la nature, on pensait aider la société à se libérer.

De cette solidarité entre la cause de la science et celle de la liberté, entre les forces de découverte et les forces d'émancipation, les

Célestin Bouglé

démocrates ont gardé le sentiment plus ou moins net tout le long du XIXᵉ siècle. Et c'est pourquoi ils ont pardonné aisément même à des penseurs assez sévères pour la démocratie, pourvu seulement qu'on retrouvât, au cœur de leur œuvre, le culte de la science. On s'est souvent étonné que des hommes comme Gambetta ou Ferry aient pu se réclamer d'Auguste Comte. Et il est hors de doute que le fondateur du positivisme, qui demeure de tempérament catholique, traite fort durement la philosophie des Droits de l'Homme qu'il juge abusivement « critique ». Mais s'il veut avant tout réorganiser, et pour réorganiser, unifier les idées, voire les sentiments, si même il révèle son ambition de ressusciter dogmes et cultes, du moins est-ce toujours à la science que Comte veut demander ses directions. Et c'en est assez pour que l'on continue à le classer parmi les émancipateurs. Tant il est vrai que, pour la plupart des partisans de la démocratie, la science apparaît comme le guide rêvé. Elle a abattu les murailles. Elle a débroussaillé le chemin. Qu'on s'inspire de son esprit, qu'on en répande partout les bienfaits, et la civilisation continuera son progrès : non pas seulement la civilisation matérielle, mais la civilisation morale. La valeur de la science tendrait ainsi à devenir, dans le monde des valeurs modernes, la valeur centrale ; distribuant chaleur en même temps que lumière à toutes les autres, les valeurs morales y comprises, elle donnerait à l'ensemble une sorte d'unité inespérée.

*

**

De cette grande espérance, qui a été l'aliment de tant « d'enfants des Temps nouveaux » au XIXᵉ siècle, faut-il dire qu'elle a abouti à une grande déception ? Telle fut précisément la thèse de ceux qui proclamaient la banqueroute de la science. On a cru celle-ci capable, observaient-ils, non seulement d'aménager les choses, mais de régénérer les âmes. On a attendu de son triomphe, le maximum possible, non seulement de bonheur, mais de moralité. On était convaincu qu'elle amènerait « les temps bénis de l'égalité et de la fraternité… »

Mais c'était mêler les genres. C'était confondre les séries de valeurs. Que la science règne en son domaine, nous rappelle-t-on, mais qu'elle en connaisse les limites. Non seulement il subsiste

Chapitre XII

nombre de questions et les plus angoissantes – celles qui portent sur les principes, les commencements et les fins – qu'elle ne saurait résoudre par ses méthodes : ses vérités ne sont certaines qu'à la condition de demeurer relatives ; mais encore elle ne porte en elle-même ni de quoi orienter, ni de quoi stimuler cette activité morale dont les sociétés ont plus que jamais besoin.

À y bien regarder, l'esprit scientifique, si on le laissait maître des âmes, serait pour la vie morale plus dangereux qu'utile.

On loue Descartes d'avoir été un douteur hardi, de nous avoir invités à chercher la vérité par nous-mêmes. Imprudente exaltation du sens individuel. N'est-il pas manifeste qu'une société où chacun s'enivrerait de l'orgueil cartésien manquerait bientôt des principes de cohésion indispensables ? Là où rien n'est respecté en commun, et tout à chaque instant remis en question, l'unanimité qui supporte la vie sociale retourne en poussière. À la communion spontanée succède la défiance mutuelle, – ou pis encore – l'indifférence égoïste. Chacun pensant par soi c'est bientôt chacun vivant pour soi.

Au surplus, considérons dans sa vie intérieure, en face de lui-même, l'homme élevé à l'école de l'esprit critique, le spectacle ne sera pas moins triste. S'il veut, en effet, pour se décider, attendre l'évidence, il est à craindre que l'homme perde jusqu'à l'habitude de se décider. Il dépensera toute sa force dans les balancements de la réflexion. L'hypertrophie de la raison entraîne une atrophie correspondante de la volonté. Ainsi, comme pour la synergie sociale, l'esprit critique est un dissolvant pour l'énergie individuelle. Telle est la punition de ceux qui méconnaissent, par souci des idées claires et distinctes, les puissances obscures et fécondes du sentiment. Ils oublient que les grandes choses s'accomplissent dans la pénombre. La froide lumière de leur raison arrête la vie.

Ce réquisitoire, comme bien l'on pense, n'est pas demeuré sans réponse. Les universitaires, en particulier, se sont efforcés de maintenir qu'en enseignant la science et l'esprit scientifique, ils préparent utilement les âmes à la vie morale. L'instruction bien comprise est par elle-même une éducation. L'esprit critique n'engendre logiquement ni l'inertie dans l'individu, ni l'anarchie dans la société.

Célestin Bouglé

À la science qui divise et dissout, on oppose les croyances religieuses qui rallient et qui règlent. Il est possible que l'investissement de la nature par la science rende telles ou telles croyances de jour en jour plus intenables. Mais il faut se rappeler d'abord que bien des croyances divisent pour le moins autant qu'elles unissent et lancent les uns contre les autres les membres d'une même nation. Quand de pareils dogmatismes devraient être définitivement abandonnés, l'humanité ne pourrait sans doute qu'y gagner. Il faut ajouter qu'à la place de ces « vérités » traditionnelles, la science installe des vérités positives, de jour en jour plus nombreuses et mieux coordonnées, et sur lesquelles les hommes de bonne foi et de bonne volonté peuvent aisément bâtir ensemble. D'ailleurs, alors qu'ils continueraient en effet à différer d'opinion sur bien des points, la science même leur demande de supporter ces divergences. Elle entend ne présenter ces acquisitions que comme provisoires, et veut qu'on soumette leurs titres à de perpétuelles révisions. Elle a besoin, pour vivre et pour progresser, de la pleine lumière et du plein vent, c'est-à-dire du libre examen universel. Elle tend donc à imprimer aux hommes l'habitude de la tolérance méthodique. En tout cas, observe M. Lapie, par cela seul qu'elle leur rendra naturel le souci de la preuve, elle coupe court à tant de jugements téméraires, à tant d'imputations hâtives ou de généralisations abusives qui ne sèment que la haine. Si l'esprit de critique, au sens mondain, est père de la raillerie qui divise les âmes, l'esprit critique, au sens scientifique, est père de l'indulgence qui les rapproche.

D'ailleurs, pas plus que l'anarchie sociale, on ne saurait légitimement lui imputer l'inertie individuelle. Il faut se souvenir d'abord que l'initiative n'est qu'un autre nom de la critique. On innove toujours contre quelque tradition, dont il a fallu se libérer. Si des vérités nouvelles se découvrent, si les us et coutumes s'améliorent, c'est qu'il s'est trouvé des hommes assez énergiques pour penser par eux-mêmes. Et que la pensée arrête ou tout au moins retarde et, comme on dit, « inhibe » souvent l'action, il n'en faut pas disconvenir. Mais le plus souvent aussi il faut s'en réjouir. Il y a des cas où un peu d'hésitation devant l'acte, où le besoin de voir clair avant d'agir ne gâterait pas grand'chose. En tout cas, ces allées et venues de la pensée sont nécessaires pour que se substitue, à l'activité instinctive ou impulsive qui nous laisse au niveau des animaux, l'activité réfléchie qui nous fait hommes. Sans la délibération intellectuelle il n'y a pas d'acte proprement volontaire ; et sans acte volontaire pas de personnalité véritable.

*

**

Au surplus, veut-on se faire une idée de la profondeur morale à laquelle peut atteindre la culture scientifique, qu'on se reporte aux analyses d'un mathématicien comme Poincaré ou d'un érudit comme Gaston Paris, on verra quelle moisson de vertus ils glanent sur les pas de la science. « Les habitudes intellectuelles, remarque H. Poincaré, ont aussi leur retentissement moral. » La splendide harmonie des lois naturelles nous procure des joies où nous nous oublions nous-mêmes. Elles ne se révéleront d'ailleurs qu'à celui qui a pris pour règle la sincérité, l'impartialité, le désintéressement. Le serviteur de la vérité est aussi le serviteur de l'humanité.

Méfiance de nous-mêmes, dit de son côté l'érudit, effort pour ne pas céder aux suggestions du sentiment ni aux illusions de la forme, désir d'insérer le résultat de notre travail dans une œuvre collective, autant d'habitudes que la science nous impose et dont la conscience profite. « L'homme qui a jusque dans les plus petites choses l'horreur de la tromperie et même de la dissimulation, est par là même éloigné de la plupart des vices et préparé à toutes les vertus. »

Qu'on cesse donc de nous répéter que la science dessèche, et détend, et dissout. En réalité le progrès de l'esprit scientifique s'accompagne de certains états de sentiment qui sont des plus favorables au développement de la volonté morale. Il harmonise l'âme au profit de ses éléments nobles. Il nous détache de nous-mêmes et nous attache à de grandes causes. Il nous fait aimer la vie spirituelle la plus haute, et du même coup la plus large vie sociale.

Qu'est-ce à dire, sinon que nous rencontrons ici une conjonction de valeurs particulièrement précieuse ? Conjonction qui, elle aussi, suppose une dissociation préalable. Car l'esprit scientifique ne porte tous les fruits de moralité promis qu'à la condition de s'être épanoui en toute liberté. La moralité apparaît ici, pour reprendre et transposer le mot d'Aristote, comme une des fleurs de la science.

Célestin Bouglé

Il faut avoir cultivé celle-ci pour elle-même, en pleine sincérité, en parfait désintéressement : on récolte alors, comme par surcroît, toutes sortes de vertus utiles à la société.

*

**

Est-ce à dire que la société puisse, pour obtenir toutes les valeurs dont elle a besoin, se contenter de ce précepte : « Cultiver la science, répandre l'esprit scientifique » ? Faut-il croire, pour reprendre les expressions de M. Belot, que la *volonté de vérité*, acolyte naturel de la raison scientifique, suffit pour recréer perpétuellement la *volonté de société* ?

Exagération inverse de celle à laquelle les pragmatistes nous ont habitués; mais exagération encore. Il faut nous défier ici d'une réaction trop naturelle : on a longtemps tenu l'esprit scientifique pour le poison de toute moralité ; c'est peut-être une raison pour que nous soyons tentés d'y voir, par une manière de revanche, le remède à tous les vices. Ajoutons que c'est, pour qui enseigne, le remède à la portée de la main. Comment le professeur ne serait-il pas tenté de vanter l'instruction éducatrice ? C'est par l'instruction qu'il agit le plus commodément sur les âmes. Spécialement préparé à distribuer la lumière, il lui plaît de penser que la lumière se transforme spontanément en chaleur et celle-ci en mouvement moral.

Pour naturelle que soit cette préférence professionnelle, il importe qu'elle ne nous fasse pas oublier là diversité des exigences de la vie morale, ni la diversité des moyens que celle-ci peut mettre à profit.

Une éducation tout intellectualiste donnerait-elle aux sociétés les collaborateurs dont elles ont besoin ? En fait, l'histoire ne nous en fait connaître jusqu'ici aucune qui se soit adressée à la seule raison des individus : c'est toujours par l'intermédiaire de croyances, de sentiments, de jugements de valeurs, nettement distincts des jugements de réalité dont se satisfait la science, que les sociétés initient les nouveaux venus.

C'est, dira-t-on, que l'heure de la science sociale n'avait pas sonné encore. C'est qu'on n'avait pas étendu, aux groupements humains eux-mêmes, les recherches objectives qui ont réussi, appliquées à la nature. Qu'on observe les sociétés comme des choses, qu'on dégage d'enquêtes comparatives les lois de leur structure et de leur évolution, alors peut-être on pourra déterminer scientifiquement la sorte de morale qui convient à une société donnée.

Admettons, pour l'instant, que cette détermination soit possible, et n'implique d'autres jugements que des jugements de réalité. Cela ne prouverait pas pour autant que la science seule, au moment où nous vivons, doive suffire à l'initiation sociale. Quelles fins s'imposent à notre société ? Une recherche scientifique nous aidera sans doute à le préciser. Mais pour atteindre ces fins ne peut-on et ne doit-on désormais employer comme moyens que la culture scientifique ? C'est une autre question.

Question tranchée par l'histoire elle-même, peut-être ? À la phase de l'évolution que nous avons atteinte, ne devient-il pas manifeste que l'esprit scientifique prend sur l'organisation sociale un croissant empire ? Forte des conquêtes de la science, la raison admet de plus en plus difficilement les prestiges divers qui empêchent les libertés égales de débattre, sans autre souci que celui de la vérité et de la justice, les conditions de leur collaboration. Appliquez aux problèmes sociaux le même esprit critique que vous avez appliqué aux problèmes posés par la nature : vous êtes logiquement amenés, selon M. Belot, à un régime contractualiste, qui permet aux individus de confronter leurs prétentions, de mesurer leurs apports, d'égaliser leurs droits. Le rationalisme juridique serait donc comme une transplantation de l'esprit scientifique dans l'ordre social.

Nous ne songeons nullement à nier que le progrès des sciences, augmentant la confiance de la raison en elle-même, ait contribué à la rendre plus audacieuse, plus entreprenante, plus exigeante en matière sociale. Mais nous ne serions pas disposés à accorder que ce seul progrès rende raison de l'apparition des valeurs, qui ont commandé et commandent encore tant de transformations dans notre organisation politique ou économique.

« Que le travail ne soit plus traité comme une marchandise », « que l'homme ne soit plus traité comme une chose », des vœux comme ceux-là sont des synthèses : ils ont été portés au premier plan de la conscience collective par toutes sortes de forces diverses. Parmi ces forces, la tradition chrétienne a joué son rôle aussi bien

Célestin Bouglé

que la libre philosophie du XVIIIᵉ siècle. La raison qui proclame ces valeurs supérieures porte en elle le legs des religions à côté des conquêtes de la science. Elle traduit les aspirations du peuple, non moins que la réflexion des intellectuels. Bien plus, pour que les principes qu'elle proclame soient en même temps des motifs d'action, pour qu'ils aient force entraînante, il faut assurément que des sentiments collectifs s'en mêlent, dont la science proprement dite, quand elle fait œuvre de démonstration ou de vérification, ne pourrait qu'écarter l'influence.

*

**

Veut-on mesurer à quel point de pareils sentiments sont nécessaires pour stimuler l'action : qu'on analyse de plus près l'état d'âme de ceux-là mêmes qui proposent comme centre à la vie morale le culte de la science. Culte en effet, et en vue duquel on essaie de mettre en mouvement les forces de l'enthousiasme. « L'enthousiasme du savant, écrit M. Croiset, ne le cède pas à celui du poète. Quoi de plus beau que le spectacle des victoires de l'intelligence dans ce monde, depuis la barbarie primitive jusqu'à notre civilisation, si imparfaite encore, mais si prodigieusement supérieure aux misérables commencements de notre espèce ? » Les hymnes de Renan ou de Berthelot à l'avenir de la science laisseraient voir la même tactique. On y trouve évoqués, sous des formes diverses, les grands intérêts sociaux dont la science est la meilleure servante : au delà des bibliothèques et des laboratoires, le savant montre la multitude infinie des hommes que la science sauve des fléaux de toutes sortes, déchaînés sur eux ou par la nature aveugle ou par les imaginations aveuglées. Par ces perspectives, on pense éveiller des sentiments de respect et de zèle dont la science elle-même profitera. On escompte la présence dans les âmes d'une capacité de vibrer; on ne s'adresse pas à la raison pure.

À plus forte raison s'il s'agit d'un idéal comme l'idéal démocratique, et si l'on veut attacher les âmes non plus seulement à la cause de la science, mais à celle du droit humain. Ici surtout il importe qu'à la volonté de vérité nombre d'aspirations ajoutent leur poids, qui sont loin d'être toutes nées de la recherche scientifique.

Aspirations qu'il est pourtant légitime, dira-t-on, de qualifier de

Chapitre XII

rationnelles. Elles visent à faire régner un ordre à la confection duquel auront concouru de libres esprits cherchant un équilibre acceptable, un ordre social avouable à la raison. Soit, mais il faut ajouter que la raison dont on parle ici, guide de l'évolution sociale, volonté d'harmonie pratique, centre de coordination des jugements de valeur eux-mêmes, est quelque chose de singuliè-rement plus riche et plus souple que la raison dont se sert le savant lorsqu'il démontre ou vérifie, et fait œuvre volontairement limitée de science positive.

Célestin Bouglé

Chapitre XIII
Les valeurs esthétiques [1]

L'art considéré comme le créateur des valeurs idéales. La beauté type de la valeur, « autotélique». L'art fin en soi n'est-il pas un produit de différenciation ?

Dans les sociétés primitives l'art semble mêlé à tout : à la vie guerrière comme à la vie sexuelle, à la vie économique comme à la vie religieuse. Mais les valeurs esthétiques ne sont appréciées pour elles-mêmes que lorsque l'art s'est dégagé de ces influences. L'art et le jeu. Ce que l'art ajoute au jeu. « Spontanéité » et « productivité ». Action sur la matière et action sur la société. La part de la technique et la part du sentiment. Par les formes esthétiques où il fait entrer les sentiments, l'art les purifie. Comment l'œuvre d'art libère en même temps qu'elle unit.

En quel sens l'art seconde la moralité. Mais il faut qu'il reste lui-même. La conjonction des valeurs ici encore suppose une dissociation préalable. Nécessité de la culture du goût.

Science et industrie, l'une aidant l'autre, ont réussi à occuper dans nos sociétés un poste central. Elles y jouent un rôle de dominatrices. La plupart des valeurs, désormais, semblent graviter autour de ces deux puissances conjuguées.

Ce n'est pas à dire pourtant qu'elles éclipsent tout le reste. L'art,

---

1 GROSSE : *Les débuts de l'art,* trad. fr. (Paris, Alcan, 1894).

YRJO HIRN : *Origins of Art, a psychological and sociological Inquiry* (Londres, Macmillan, 1900).

P. LALO : *L'Art et la vie sociale* (Paris, Doin. 1921).

G. LANSON : *L'histoire littéraire et la sociologie,* dans la « Revue de métaphsique et de morale » (Librairie Armand Colin, 1904).

J. DE GAULTIER : *Art et Civilisation,* dans le *Monde nouveau,* février 1921.

PAULHAN :. *Le mensonge de l'art* (Paris, Alcan, 1907).

DELBOS : *L'art et la morale,* dans la « Revue de métaphysique et de morale » (Librairie Armand Colin, mars-avril 1918).

BALDWIN : *Théorie génétique de la réalité. Le Pancalisme* (Paris, Alcan, 1918).

DELACROIX : *Les sentiments esthétiques,* dans le « Journal de psychologie », septembre 1920.

V. BASCH : *La poétique de Schiller* (Paris, Alcan, 1911).

WUNDT : *Völkerpsychologie,* tome III (Leipzig, Engelmann, 1905).

en particulier, conserve ses prétentions et veut lui aussi constituer un centre, capable de faire converger les désirs des hommes et d'exercer son influence sur leur façon de prendre la vie. On s'efforce de lui garder dans l'enseignement une large place. La culture du goût, sous des formes diverses, demeure une des préoccupations des éducateurs, même à l'école primaire. On paraît admettre que le progrès de la démocratie demande que les jouissances esthétiques soient mises à la portée du plus grand nombre : elles auraient toujours à remplir des fonctions de « socialisation » supérieure ; elles demeureraient pour la vie morale un stimulant ou un réconfort indispensables.

Pour comprendre le sens de ces vœux et la portée de ces efforts, il conviendrait peut-être de préciser la place qu'occupent les valeurs esthétiques dans le système des valeurs et de chercher dans quelle mesure se vérifient en matière d'art ces tendances à la différenciation ou à la conjonction que nous nous sommes efforcés de mettre, en lumière.

L'art est souvent présenté comme le créateur des valeurs idéales par excellence. Car c'est dans ses œuvres, semble-t-il, que l'on voit le plus clairement la valeur se poser comme fin en soi. Certes, toutes les espèces de valeurs que nous avons distinguées peuvent prétendre à fixer le désir humain et à être appréciées pour elles-mêmes, indépendamment des fins diverses auxquelles elles peuvent servir. L'exemple classique de l'or prouve assez qu'un moyen peut être aimé pour lui-même. À plus forte raison, la vérité scientifique ou les vertus morales, sont-elles aisément l'objet d'un culte propre, qui dédaigne de mesurer leur utilité sociale. Toutefois, ce culte lui-même suppose le plus souvent un effort d'abstraction. Les bienfaits de la science ou ceux de la vertu leur font un cortège fidèle, que notre imagination a peine à chasser. Au contraire, par un tableau, une statue, un drame, une symphonie, notre âme est plus facilement absorbée. Envahie par l'émotion esthétique, elle refuse de se demander à quoi sert la beauté, aussi bien qu'elle refuse de se demander ce que la beauté démontre. La beauté est le type de la valeur qui se suffit à elle-même. M. Baldwin propose de la nommer « autotélique ». Ne disons pas pour autant que toute finalité lui soit étrangère. Au contraire, les deux notions sont étroitement liées. Il n'est pas de produit d'art où ne se manifestent entre les éléments combinés ces rapports harmonieux qui attestent la présence d'une idée directrice. Mais la fin poursuivie n'est pas ici extérieure à l'objet lui-même, et c'est pourquoi Kant pouvait proposer de la beauté cette définition paradoxale : « Une finalité sans fin. » Le maximum d'intérêt désintéressé, c'est le propre de l'attitude esthétique.

Mais cette attitude n'est-elle pas elle-même un produit de différenciation ? Pour qu'elle fût possible, une longue évolution n'a-t-elle pas été nécessaire ? On ne saurait répondre à cette question sans rappeler quelle place a tenue et quel rôle a joué l'art dans les sociétés primitives.

*

**

Il est inutile d'insister désormais sur l'erreur que l'on commettrait si l'on se représentait l'homme aux premières phases de la vie sociale comme un être avant tout utilitaire, ne se servant de la raison naissante que pour mieux combiner ses efforts en vue de fins toutes matérielles. Des sentiments intenses surexcités par une imagination qui est elle-même exaltée en même temps que disciplinée par la vie collective, telles sont les forces avec lesquelles il faut compter, et qui mettent leurs marques sur tous les produits de la pensée primitive. Ces marques sont-elles, déjà, et en quel sens, des signes de beauté ? C'est ce qu'il faudrait préciser.

En un sens, dans les sociétés primitives, l'art est partout. Il nous apparaît mêlé à tout : à la vie sexuelle comme à la vie guerrière, à la vie économique comme à la vie religieuse.

C'est du côté de la vie sexuelle qu'on a cherché le plus souvent, depuis le succès de la philosophie évolutionniste, les origines de l'art. Car c'est de ce côté aussi qu'on voyait le mieux, semblait-il, le monde humain continuer le monde animal. Darwin n'a-t-il pas montré que la sélection sexuelle fait passer au premier plan toutes sortes de valeurs que ne laissaient pas prévoir les formes brutales de la lutte pour la vie ? Où les mâles doivent se faire préférer par les femelles, la supériorité appartient à ceux qui se font admirer. Et ainsi, du désir d'éveiller l'amour, la beauté naît. D'où la richesse des livrées que revêtent certains poissons au moment du frai, l'éclat du plumage des oiseaux, les chants ou même les danses auxquels se

Chapitre XIII

livrent certains d'entre eux, déployant toutes les grâces capables de charmer. Il serait invraisemblable, a-t-on pensé, que l'amour ne fût pas aussi, dans les premières sociétés humaines, créateur de beauté. Et de fait les parures qui sont les premières formes de l'art – plumes sur la tête, anneaux au nez ou aux oreilles, bracelets aux poignets ou aux chevilles, tatouages sur tout le corps, – peuvent avoir pour résultat d'attirer sur leur porteur l'attention sympathique des membres de l'autre sexe.

Lorsque, comme l'observait déjà Humboldt, les caractères propres à une tribu sont spécialement marqués et comme exagérés dans l'accoutrement d'un homme et les déformations qu'il s'impose, cet homme apparaît sans doute comme le plus digne de perpétuer la race : une beauté typique aidée par l'art décoratif crée une sorte de privilège en matière sexuelle.

On se tromperait gravement toutefois si l'on croyait que l'art ne peut naître que de l'amour. En fait on ne constate nullement que l'art érotique tienne dans les sociétés inférieures la place qu'on devait attendre en partant de la théorie darwinienne. On a pu aller jusqu'à soutenir au contraire que « les arts les plus primitifs sont toujours les moins érotiques ». C'est dans les sociétés très civilisées et raffinées qu'on voit la plupart des formes de l'art graviter autour de la vie sexuelle. Aux premières phases, d'autres préoccupations priment : l'obsession de l'amour se fait beaucoup moins sentir dans les manifestations esthétiques. Et l'une des raisons en est peut-être que la vie sexuelle nous apparaît, dès les sociétés les plus primitives, étroitement réglementée. On n'épouse nullement qui on veut. En matière de mariage, les traditions et convenances de classes pèsent plus que les préférences personnelles. Rien d'étonnant donc à ce que l'homme n'arrive qu'assez tard à l'idée d'appeler à son secours, pour se faire préférer, les séductions de l'art.

En tout cas, les raisons ne manquent pas en dehors de la vie sexuelle, qui suggèrent à l'homme des thèmes d'ornementation. Dans la guerre, l'intimidation de l'adversaire est un commencement de victoire. Or les plumes qui agrandissent la taille du guerrier, le masque dont il couvre sa figure, les cicatrices qui strient sa poitrine, les trophées qu'il porte devant lui, sont au premier chef des moyens d'intimidation. Qu'on détaille l'appareil guerrier des Dyays ou des Maoris,, on verra combien de recherches a pu stimuler, combien

Célestin Bouglé

de « motifs » a pu suggérer le désir de terrifier l'ennemi. Ajoutons que la guerre suppose avant tout, non seulement le courage de l'individu, mais là discipline et l'exaltation du groupe. D'où le rôle préparateur des danses qui, mimant l'action guerrière, plient les individus aux mouvements d'ensemble, en même temps qu'elles étourdissent leurs inquiétudes : d'où la vertu entraînante des chants qui rappellent, en des vers où bat le rythme de la charge, les vilenies de l'ennemi ou la gloire des ancêtres.

Il convient de rappeler d'ailleurs que ce n'est pas seulement sur le champ de bataille que la tribu a besoin d'exaltation et de discipline : c'est en cent autres occasions. Et d'abord, c'est pour les pacifiques travaux de la primitive industrie. Qu'il s'agisse d'abattre un arbre, de soulever une lourde pierre, de faire avancer une pirogue, tout travail collectif suppose un rythme commandé. Il importe qu'on pousse et qu'on tire ensemble, et qu'ensemble on aspire et on expire. Imaginez un chant qui par son rythme scande en quelque sorte la respiration des travailleurs conjugués, arrêtant ou accélérant leur effort : qu'à ce chant rythmé des paroles s'ajoutent qui encouragent le travailleur, célébrant l'objet de son travail ou lui en promettant le prix, une forme d'art est née, dont les origines ne sont plus sexuelles ou guerrières, mais économiques. Karl Bücher va jusqu'à penser qu'en analysant les principaux mouvements du travail, – frapper, fouler, frotter, – on trouverait l'explication des principaux mètres de la versification ancienne, comme on verrait naître, dans les thèmes des chants de travail, les éléments de la poésie lyrique, épique, et même dramatique.

Même à côté de cette source, il est clair que beaucoup d'autres ont dû s'ouvrir, et qu'en particulier religion et magie ne le cèdent en rien, sur ce terrain, au travail ou à la guerre. L'idée que les hommes se font, dans les sociétés primitives, de puissances invisibles qui dominent la nature, – idée omniprésente et la plus impérieuse, la plus envahissante de toutes – ne pouvait manquer d'exercer son influence sur les formes premières de l'art. Le magicien psalmodie ses formules cabalistiques : il brode sur les thèmes qui commandent aux éléments et aux esprits ; et la musique naît. Il s'efforce de reproduire en une statuette qu'il va percer au cœur, l'image de l'ennemi dont il a juré la mort ; le voici sculpteur. Les beaux portraits d'animaux qui sont restés pendant des siècles ensevelis dans l'obscurité des cavernes d'Altamira ou du Mas d'Azil s'expliquent par le désir de charmer l'espèce qu'on veut chasser : ne vient-on pas de retrouver dans une de ces cavernes, au-dessus d'un troupeau de buffles, l'image d'un sorcier, couvert de peaux de bêtes, qui préside à l'opération propitiatoire ?

L'influence des croyances de ce genre se reconnaît, après des siècles, dans l'architecture elle-même. On a pu démontrer qu'encore aujourd'hui l'art des temples chinois obéit, jusque dans le détail, à des prescriptions religieuses. Soigneusement orienté, le temple porte sur ses murailles des maximes dont la couleur est déterminée par la place qu'elles occupent. Les idoles y sont obligatoirement groupées par triades et gardées par quatre ou huit subordonnés. L'apparente fantaisie des architectes cache ainsi toute une série d'observances rituelles.

Qu'on se représente d'ailleurs les cérémonies elles-mêmes qu'organise la religion, l'ordre et la marche des processions, les phases des sacrifices, la mort et la renaissance des dieux, contée ou mimée au milieu des chants et des danses exaltantes, on saisit ici toutes sortes de modèles offerts à l'art, et toutes sortes d'émotions éveillées dont il va faire son profit. Peut-on, sans le prestige des rites, comprendre la naissance du drame ? Nietzsche concevait une représentation tragique comme un groupe de travail à l'œuvre pour une besogne sacramentelle. Il voyait la religion créer la forme tragique, déterminer le choix des thèmes et des caractères. Il convient d'ajouter, avec Durkheim, que les émotions suscitées par le culte sont par elles-mêmes de nature à stimuler l'imagination créatrice de formes. Une fête religieuse est comme une oasis. Elle repose en même temps qu'elle exalte : littéralement elle récrée et elle libère. Les forces mêmes qu'elle fait naître de la communion des fidèles sont, par définition, orientées vers un monde idéal. Et c'est pourquoi la religion est la nourrice désignée de la poésie.

*

**

Si toutes ces remarques sont exactes, il y aurait donc un rapport étroit entre les formes primitives de la vie sociale et les formes de l'art. On verrait ceci naître de cela.

Regardons-y de plus près, toutefois. Est-ce bien l'art lui-même

Célestin Bouglé

que nous avons vu naître ? Les sentiments qu'éveillent l'amour ou la guerre, le travail ou la religion, sont-ils par eux-mêmes des sentiments esthétiques ? Y trouve-t-on du premier coup cet intérêt désintéressé et cette recherche d'une finalité sans fin qui nous ont paru caractéristiques de l'attitude artiste ? On ne peut prendre cette altitude que si on est libéré en quelque mesure des attractions ou des pressions de la vie. Une âme absorbée par la passion, qu'elle soit érotique ou guerrière, est-elle capable d'admirer pour elles-mêmes les ornementations destinées à attirer ou à terrifier ? Les travailleurs tendant tous leurs muscles pour soulever un fardeau écrasant, goûtent mal le charme de la chanson qui rythme leur effort. Les émotions mystiques, elles aussi, sont accaparantes : les dieux sont volontiers jaloux. Qui les sert peut-il servir la beauté du même cœur ? Comte remarque judicieusement qu'on admire d'autant plus l'œuvre d'art, dans le polythéisme, qu'on a cessé de comprendre la foi qui l'animait.

De pareilles réflexions nous conduiraient à cette conclusion que la sociologie, quand elle recherche les origines de l'art, s'arrête le plus souvent au seuil de la question. Elle nous montre, disions-nous, qu'aux premières phases de la vie sociale, l'art est partout. On dirait aussi bien qu'il n'est nulle part. Pour goûter le charme propre d'une construction d'images ou d'une construction de sons, un certain détachement est nécessaire : il n'existe de valeurs esthétiques que pour des esprits déjà libérés en quelque façon : libérés, non pas seulement de la tyrannie des besoins, ou de celle des passions, mais aussi bien de celle des croyances absorbantes. La production de l'œuvre d'art, et aussi cette sorte de reproduction intérieure de l'œuvre d'art qui est l'admiration, supposent un surplus d'énergie spirituelle non encore canalisée. Pour accepter la discipline propre à la beauté, il importe que nous ne soyons pas ligotés par d'autres disciplines. C'est ce qu'on exprime souvent en répétant qu'il n'y a pas d'art là où il n'y a pas loisir et luxe.

*

**

Un certain état social, un certain degré de civilisation seraient ainsi la condition préalable de l'épanouissement de l'art. Et il y faudrait précisément une évolution des valeurs où se reconnaîtraient les

Chapitre XIII

deux processus dont nous avons déjà, par ailleurs, démontré l'efficacité : moyens se transformant en fins, et fins se distinguant les unes des autres.

Un geste rituel, un thème d'invocation, un monument expiatoire ne sont à vrai dire que des moyens pour le croyant préoccupé d'agir sur des puissances redoutables ; mais celui qui admire en eux-mêmes le geste, le thème le monument, celui qui répète l'un ou reproduit l'autre pour leur beauté intrinsèque, pour les « motifs » plastiques ou musicaux qu'ils lui fournissent, celui-là ne songe plus aux seules puissances à apaiser ; il s'est libéré de cette hypnose ; les inventions suggérées par les croyances primitives ne sont plus entre ses mains qu'une matière, qu'il pétrit à sa guise ou pour mieux dire selon des lois nouvelles, de façon à en tirer, par de libres combinaisons, des effets qui à ses yeux sont des fins par eux-mêmes.

Il en faudrait dire autant, toutes choses égales d'ailleurs, des formes et des rythmes que suggère la vie économique. C'est le travail, nous montre-t-on, qui fournit ses premiers types de mesure à la poésie : fouler, presser, marteler, voilà les gestes qui scandent, chacun à sa façon, la versification primitive ; pour rendre ces gestes plus aisés ou les mieux coordonner se composent les chansons populaires. Pourtant la chanson est quelque chose de plus que le motif ou le rythme de travail qui lui donnent naissance. À l'occasion d'un même travail, vingt chansons différentes peuvent être composées ; quelques-unes sont retenues, qui se trouvent posséder une valeur particulière, inexprimable en termes économiques : elles charment par elles-mêmes. Que l'attention se porte sur cette qualité, qu'elle prenne un prix spécial, qu'elle devienne une fin, alors, mais alors seulement, l'art est né.

Ainsi se constitue comme un monde de choses dont l'existence se justifie, non plus parce qu'elles sont utiles à quelque point de vue que ce soit, mais parce qu'elles sont belles. Valeurs d'un genre nouveau qui à leur tour demandent le respect. Elles aussi se taillent une place dans les institutions. Elles aussi trouvent leurs fidèles et leur servants, pour ne pas dire leurs prêtres. Ceux-ci les posent en les opposant aux autres séries de valeurs : d'ordre religieux aussi bien que d'ordre économique. L'art, par la différenciation des valeurs, conquiert, enfin son autonomie.

Célestin Bouglé

Que cette libération ne puisse être que l'aboutissement d'un long progrès et suppose tout un travail de civilisation, cela va de soi ; et cela seul suffirait à rappeler que les valeurs esthétiques sont, elles aussi, des valeurs sociales. Cela ne donne pas pour autant le droit de nier qu'elles ne supposent à leur tour certains instincts, des capacités, des aptitudes, au moins virtuelles, qui seraient l'apport de la nature, et sans lesquelles on conçoit difficilement comment la société éveillerait la beauté. La genèse de la science, celle de l'industrie, celle de la morale elle-même nous ont paru impliquer, sous une forme ou une autre, des aptitudes de ce genre. Pour l'art, il en est une qui lui semble tout naturellement apparentée : c'est l'aptitude à jouer. Les jeux traduisent à leur manière un surplus de vitalité qui veut se dépenser librement : ils répondent à un besoin d'exercice pour l'exercice, abstraction faite du résultat : ils sont le premier type de l'activité désintéressée. Et l'on a pu montrer, certes, qu'ils rendent toutes sortes de services. Ils éveillent l'attention de l'enfant, stimulent ses efforts, assouplissent ses muscles. Ils lui imposent des adaptations variées, qui le préparent à celles que lui demandera demain la vie sérieuse. Sans compter que le jeu, lorsqu'il est collectif, est une incomparable école où l'on apprend spontanément les coordinations de mouvements indispensables à toute société. Mais ceux qui jouent ne songent nullement à ces contre-coups.

Par définition, les résultats quels qu'ils soient de l'action à laquelle ils se livrent sont ici ce qui leur importe le moins. Ils mènent cette action pour elle-même, et réussir, ici, n'a d'autre sens que se divertir, en appliquant correctement les règles du jeu. On conçoit sans peine que tant de théoriciens de l'art en aient cherché l'ébauche dans ces formes premières, et si naturelles, de l'activité désintéressée.

Chacun sent bien toutefois que l'art est plus que le jeu.

Pour que l'art paraisse, il faut de certains rapports, que le jeu n'implique pas, entre l'esprit et les choses, et par l'intermédiaire des choses elles-mêmes, entre l'esprit et la société : il faut une œuvre, une matière ouvrée, qui par cela même qu'elle a été travaillée par un esprit devient expressive, et capable de propager le sentiment dont il était animé.

Action sur les choses et action sur les sociétés, il faut réunir ces deux traits pour comprendre l'originalité des valeurs esthétiques.

Le jeu peut cesser sans laisser de traces. Mais la fantaisie, comme dit Wundt, ne devient art que si à la « spontanéité » s'ajoute la « productivité ». Il faut que l'imagination humaine mette sa marque sur une matière. Cette matière peut être d'ailleurs impondérable. Ce n'est pas seulement la pierre ou l'airain, les lignes et les couleurs, que l'art manie, c'est le mot, c'est le son ; bien plus, ce sont les hommes eux-mêmes dont le poète ordonne les mouvements, ou combine les répliques sur les scènes de théâtres. Dans tous les cas, permanente comme une statue ou seulement susceptible d'être reproduite comme une tragédie, une forme est créée, des éléments sont ordonnés selon une idée directrice ; et c'est comme une vie nouvelle qui s'organise.

Mais pour cette vie même, la société est l'atmosphère indispensable. Si le créateur de formes imprime sa marque sur une matière, c'est toujours pour s'exprimer en effet, c'est pour donner un corps à son état d'âme : ainsi celui-ci pourra être partagé, il deviendra un bien commun, une valeur collective. Le besoin de communication, ou pour mieux dire le besoin de communion est la racine de tous les arts. Et sans doute, ici même, il arrive que, dans l'effort créateur, l'artiste oublie que son œuvre est un moyen social : absorbé par sa lutte avec la matière, il veut avant tout que son idée prenne forme et vive devant lui, dût-elle ne pas trouver d'admirateurs.

Mais cette espèce d'isolement hautain n'est qu'un moment, bientôt dépassé, de la création esthétique. L'artiste peut maudire la foule : s'il la maudit, c'est qu'il la voudrait dompter. Méconnu, il escompte qu'une élite se trouvera pour le venger en l'adoptant. *Mihi canto el Musis*, s'écrie quelquefois le poète. Mais, on l'a justement remarqué, les Muses, c'est déjà une société devant qui on fait appel. « On ne s'affranchit de la tyrannie de son public, remarque M. Lanson, que par la représentation d'un autre public. »

C'est surtout lorsqu'on songe à l'aspect formel de l'art – à la lutte que mène l'artiste pour combiner en ensembles harmonieux : lignes, masses, couleurs ou sons – que l'on est porté à faire abstraction de la société. Et pourtant, en dépit des apparences, le créateur n'est jamais seul, il n'est pas laissé à lui-même dans son corps-à-corps avec la matière : il y a toujours une part considérable

Célestin Bouglé

de conventions traditionnelles dans les techniques esthétiques. Nul n'a mieux marqué cette emprise que Baudelaire lorsqu'il dit : « Le métier de poète consiste à exprimer les mouvements lyriques de l'âme dans un rythme, réglé par la tradition. » Tradition elle-même sujette à corrections, cela va sans dire. Il arrive que l'artiste se trouve à l'étroit dans les cadres antiques. D'une façon plus générale, il arrive que la nouveauté comme telle, à certaines heures de l'évolution sociale, devienne à son tour une valeur en soi. On voit alors des novateurs fabriquer pour leur vin nouveau des outres neuves, et chercher à modifier les conventions qui président à l'art poétique ou dramatique, ou plastique. Ces luttes n'ont d'ailleurs pas pour objet de supprimer toutes règles ; mais bien plutôt de faire accepter des règles nouvelles. Il faut que des groupes se constituent pour défendre ces diverses formes d'art libre, qui tendent à devenir à leur tour des formes d'art dominateur. Et les batailles qu'ils ont à livrer prouvent assez que l'inventeur artiste doit compter, non pas seulement avec les résistances de la matière, mais avec celles de la société qui s'efforce de donner une sorte de valeur objective aux conventions esthétiques elles-mêmes.

Au surplus, la création des formes, plastiques ou poétiques, architecturales ou dramatiques, belles pour les yeux ou les oreilles, ou les deux sens à la fois, n'est qu'un aspect de l'art. Encore faut-il, normalement, que ces formes soient expressives et intéressent la pensée aussi bien que la sensibilité, ou tout au moins les sentiments aussi bien que les sens. Encore faut-il que les combinaisons d'impressions obéissent à l'appel d'une idée émouvante, elle-même exprimable en mots ou ineffable, il importe peu. Par ce côté surtout, comme il est naturel, l'art baigne dans le milieu social. Celui-ci lui fournit toutes sortes de sentiments à exprimer : enthousiasmes religieux, amours-propres de familles, de tribus, de nations, dédains des races les unes pour les autres, animosités de classes, désirs de domination ou volontés d'indépendance, toutes les qualités d'amours ou de haines qui rapprochent et opposent les hommes, offrent autant de thèmes à l'imagination des artistes, interprètes des groupes. Et un moment vient sans doute, dans certaines civilisations du moins, où ce qui intéresse l'individu passe au premier plan de la conscience collective. L'art lui aussi profite de cette conversion des valeurs. La poésie lyrique chante

Chapitre XIII

les sentiments personnels. Mais toujours, puisqu'il chante, le poète quête la sympathie. Il invite les autres à retrouver en eux ce qu'il a trouvé en lui-même « Insensé, qui crois que tu n'es pas moi », dit Hugo. Dans la confession la plus personnelle, l'artiste demeure pour l'humanité un interprète et un intermédiaire : il accroît le nombre des sentiments communicables ; il enrichit le trésor des œuvres qui font vibrer les âmes à l'unisson.

Vibration d'une nature particulière, à vrai dire. Par cela seul que l'art exprime les sentiments, quels qu'ils soient, en des formes esthétiques, il transfigure en quelque sorte ces sentiments eux-mêmes. Il les « purifie », disait Aristote. Il ne se contente pas d'exciter amours ou haines par n'importe quels moyens. Par définition, tous les moyens ne lui sont pas bons. Il faut qu'il compose, des touts harmonieux, et mette debout des œuvres qui vaillent par leur beauté intrinsèque. Incorporés dans ces œuvres, les sentiments perdent leur réalité brute. Qui les partage par la grâce de ces intermédiaires, est comme calmé en même temps qu'ému. Il a l'impression d'être emporté dans un monde supérieur, à la fois réel et irréel, où vivent, comme s'ils étaient naturels, des êtres qui ne sont pourtant que des fils de l'imagination humaine. En bref, il participe, comme l'ont exprimé chacun à leur manière tant de théoriciens de l'art, au travail d'une sorte de liberté créatrice. De là un soulagement et comme un rassérènement, intérieur qui est le fruit propre des valeurs esthétiques.

Il ne faut donc pas dire seulement que l'œuvre d'art socialise ou « unanimise ». Elle ne se borne pas à porter une idée d'une âme à l'autre, et à les faire vibrer ensemble. Si elle est vraiment œuvre d'art, la communion qu'elle institue est du même coup élévation. Elle pacifie en même temps qu'elle exalte. Elle libère en même temps qu'elle unit.

Et certes c'est un grand rôle que celui que jouent les chefs-d'œuvre rien qu'en assimilant les âmes par les sentiments dont ils sont porteurs. On sait assez ce que l'unité italienne doit à Dante, ou la civilisation anglo-saxonne à Shakespeare. Les lots communs d'idées, d'images, de symboles que lettres et arts composent, font des ciments incomparables, plus solides parfois que celui de la contrainte ou celui de l'intérêt. Mais les chefs-d'œuvre assimilateurs, s'ils continuent à être appréciés pour leur caractère esthétique,

Célestin Bouglé

produisent des effets d'union d'une nature spéciale. Par la vertu de leur forme, ils détachent les âmes de la réalité, ils les orientent vers l'idéal, ils leur ouvrent un monde de valeurs supérieures.

*

**

Si ces remarques sont exactes, on comprend pourquoi tant d'esprits ont cherché, dans la vie esthétique, comme une introduction à la vie morale. Sur ce terrain aussi, des conjonctions de valeurs peuvent s'opérer. L'art, même et surtout une fois son autonomie conquise, se trouve capable de seconder la moralité de plus d'une façon.

Il ne peut fleurir, disions-nous, que là où il y a désintéressement préalable de l'individu. La « sympathie symbolique » où l'on nous montre l'essence de l'impression esthétique suppose que l'on se détache de soi, que l'on se projette dans les choses, pour frémir avec les feuilles, voler avec l'oiseau, rayonner avec le soleil. L'artiste est objectif à sa manière. Manière très différente de celle du savant, sans doute : puisqu'il s'agit en art moins de découvrir que d'inventer, moins de reproduire la réalité telle quelle que d'en dégager des rapports harmonieux. Du moins, la vérité de la beauté, si vérité il y a encore, est-elle d'une nature très spéciale : elle ne se laisse saisir ni par la démonstration géométrique, ni par la vérification expérimentale. Cela ne veut pas dire pour autant qu'elle n'exige ni effort, ni discipline. La vie des grands créateurs veut autant de sacrifices que celle des grands découvreurs. Un Beethoven ou un Michel-Ange donnent des leçons de détachement, voire d'héroïsme intérieur aussi bien qu'un Pasteur ou un Renan. Et quiconque prend à cœur de pénétrer profondément leur œuvre doit participer en quelque mesure à leur effort ; il sent le prix des vertus sans lesquelles le chef-d'œuvre n'aurait pas pris forme. En ce sens, on peut dire que la sympathie esthétique est normalement moralisatrice.

Aussi, n'est-il pas étonnant qu'on ait volontiers cherché dans les valeurs esthétiques comme un antidote contre les effets démoralisateurs que tend à produire l'empire exclusif de certaines autres valeurs, par exemple celui des valeurs économiques. Wilson, recteur d'Université, plaide avec obstination, en Amérique, pour les humanités classiques. Il voit dans cette culture désintéressée, précisément parce que désintéressée, la meilleure des digues contre l'esprit d'utilitarisme réaliste qui, secondé par le développement des affaires, menace de tout submerger. Et chez nous, après la guerre, lorsque contrairement à l'espérance universelle on a vu ce même esprit gagner du terrain, beaucoup ont pensé que l'art pourrait être un remède. Il faut compter, dit M. J. de Gaultier, pour « modérer la violence du sens possessif » sur les victoires d'une activité esthétique, attachant à la représentation des choses des joies supérieures, lesquelles ne peuvent que s'accroître en se partageant. « Produire, produire à tout prix », c'est un très beau mot d'ordre. Il ne faudrait pourtant pas qu'un industrialisme trop bien entendu fît oublier l'utilité supérieure de l'idéalisme. Les divers groupements qui se sont constitués pour rappeler cette vérité – Défenseurs de la Pensée française, Compagnons de l'Intelligence, Membres de la Confédération du Travail intellectuel – n'ont pas manqué de faire une place aux artistes; ils ont voulu défendre, comme une forme particulièrement féconde de la « pensée », celle qui, en créant de la beauté, apprend aux esprits à dépasser le point de vue des réalités utiles.

Il est remarquable que, en escomptant ce bénéfice, on ne demande nullement à l'art de se subordonner à la morale. Il ne la sert jamais mieux qu'indirectement, en demeurant lui-même, et en gardant à la beauté son caractère de fin en soi. Ce que nous pourrions exprimer en disant que la conjonction des valeurs est d'autant plus féconde, ici, que leur différenciation est plus soigneusement maintenue. On en saisira aisément la raison si l'on se rappelle que, les effets de rassérènement et de libération que nous attribuons à l'art, il les obtient, non pas à vrai dire par les idées qu'il exprime, mais par la forme qu'il donne à cette expression. L'appréciation de cette beauté pour elle-même est la condition du genre de moralité que l'art favorise.

Ce qui revient à dire qu'il n'est pas inutile, pour aider la conscience morale elle-même, de développer ce qu'on a proposé d'appeler la conscience esthétique, ou, comme on disait naguère, de cultiver le goût. Ce n'est donc pas sans raison qu'on réserve une part, dans l'enseignement, aux disciplines non scientifiques, aux arts et aux lettres. Et il est utile qu'on les enseigne avec la préoccupation

Célestin Bouglé

d'habituer les enfants à apprécier le caractère spécifique des chefs-d'œuvre, artistiques ou littéraires. Certes, l'histoire de l'art et encore plus celle des lettres, prête à la culture de qualités scientifiques : exactitude, goût de la précision, souci de la preuve, toutes formes de la probité intellectuelle dont il est bon, en toute occasion, de rappeler le prix. Mais un enseignement « littéraire » qui se bornerait à cultiver ces qualités demeurerait extérieur à son objet essentiel, qui est d'apprendre à admirer. L'éducation de la sensibilité esthétique est peut-être le meilleur moyen de combler les lacunes ou de contrebalancer les excès d'une culture purement scientifique. Elle est en tout cas spécialement utile pour réagir contre un régime d'apprentissage exclusivement pratique que les exigences de la vie économique tendraient à imposer.

Une nation qui perdrait le respect de ces valeurs idéales que sont les valeurs esthétiques, laisserait perdre aussi un de ses meilleurs moyens de défense contre divers germes de corruption : comme si, dans son alimentation, devait manquer le sel.

Chapitre XIII

Chapitre XIV
La Nation et l'enseignement moral [1]

Toute société suppose un système de valeurs. Les intérêts collectifs se définissent en fonction des croyances. Cela n'est pas vrai seulement des sociétés primitives, mais aussi de la nation moderne, libérale par essence. Laïciser les institutions n'est pas matérialiser les valeurs. Les nations modernes se mettent, elles aussi, au service d'un idéal.

En revient-on ainsi au « patriotisme conditionnel » ? Le polytélisme offre une solution. Déjà, dans les associations partielles on voit les associés viser, en se servant du même moyen, des fins différentes. À plus forte raison la nation apparaît-elle comme le moyen désigné des diverses fins idéales.

Application de ces idées au problème de l'enseignement moral. Le capital commun. Les convergences pratiques. Les vertus qu'on peut rattacher à des principes divergents. Comment l'école laïque peut utiliser à la fois la conjonction et la différenciation des valeurs.

Maintenant que nous avons vu, sur quelques exemples, comment les valeurs se différencient et se conjuguent, nous sommes peut-être mieux à même de comprendre les rapports de la vie des groupes avec la vie morale.

1 RENAN : *Qu'est-ce qu'une nation?* dans « Discours et conférences » (Paris, Calmann-Lévy).

FUSTEL DE COULANGES : *Questions contemporaines* (Paris, Hachette, 1917).

R. JOHANNET :. *Le principe des nationalités* (Paris, Nouvelle Librairie Nationale, 1918).

F. BUISSON : *La foi laïque* (Paris, Hachette, 1912).

Du même auteur : Unité *d'action, diversité d'explications,* dans le « Manuel général » de Janvier 1915.

SIMÉON : *Sur le patriotisme,* dans la « Revue de métaphysique et de morale » (Paris, Librairie Armand Colin, 1914).

La Société d'éducation morale qui publie (à la Librairie Hachette) la revue de *l'Union morale,* relève et explique les convergences de la morale pratique sur lesquelles nous insistons dans ce chapitre.

Sur la cité-nation, voir, dans le livre intitulé *Du sage antique au citoyen moderne,* les chapitres sur le citoyen (Paris, Librairie Armand Colin, 1921), et dans notre *Éducateur laïque* (Paris, Rieder, édit., 1921), le chapitre III sur l'enseignement du patriotisme.

Célestin Bouglé

On résume quelquefois les résultats des recherches de la sociologie en disant : «L'intérêt des groupes prime tout. C'est lui qui commande aux individus de faire effort sur eux-mêmes, de se maîtriser, de se sacrifier. Il est la mesure, le commencement et la fin de toute moralité. »

Formule générale à n'accepter que sous réserves. Il faudrait du moins préciser ce qu'on entend par intérêt de groupe. Que la plupart des vertus imposées par la conscience collective aux individus – capacité de se restreindre, esprit de discipline, courage au travail ou courage à la guerre – semblent avoir pour fin de faire durer le groupe, de maintenir la cohésion indispensable à son expansion, d'accord. Et lorsque sa vie est menacée – qu'il s'agisse d'une tribu primitive ou d'une nation moderne – on voit trop bien qu'en face de la société la vie des individus compte peu. La guerre qui vient de finir a renouvelé de façon terrible cette sanglante démonstration.

Est-ce à dire toutefois que le groupe peut commander n'importe quoi, pourvu que n'importe comment il survive ? Ce n'est pas une vie quelconque que veulent sauvegarder les sociétés humaines. Et lorsqu'on répète qu'avant tout, par les préceptes de la morale elle-même, elles défendent leur intérêt, encore ne faut-il pas prendre cette notion au sens matériel auquel l'utilitarisme économique de nos jours nous a accoutumés. L'intérêt des groupes se spécifie en fonction de certaines valeurs qui s'imposent, elles-mêmes secondées par des croyances collectives.

La chose est particulièrement visible dans les sociétés primitives : par cela même que, comme nous l'avons vu, la religion y domine tout. Et sans doute, sous son manteau auguste, on voit s'agiter des instincts, s'éveiller des curiosités, s'ordonner des activités qu'elle ne crée pas, et qui en grandissant, réduiront son empire. Mais enfin, pendant des siècles, elle garde la haute main. Et son action, génératrice de scrupules, a comme premier résultat de rappeler aux sociétés que tous les moyens ne leur sont pas également bons. D'ailleurs leur principal intérêt ne saurait être d'ordre matériel : la fin suprême n'est-elle pas d'accomplir les volontés des dieux ? C'est la vie des dieux qu'il importe d'entretenir d'abord en entretenant un culte : siège des valeurs supérieures, l'autel demeure le centre organisateur d'une vie spirituelle complexe, qui apparaît comme la condition de la vie sociale.

Chapitre XIV

Mais, qu'adviendra-t-il de ce monde des valeurs si la religion cesse d'être l'ossature de la société ? Or, n'est-ce pas justement le cas pour la nation moderne ? Par définition, la nation moderne est libérale. Laissant les croyances religieuses libres, elle ne fait plus de l'adhésion à une croyance la condition de la nationalité. Elle cherche en dehors des lois confessionnelles le principe des lois civiles. Elle laïcise les institutions.

Cela veut-il dire pour autant qu'elle va matérialiser toutes les valeurs et ne plus chercher d'autre critère du bien que les critères économiques ? Conséquence au plus haut point contestable. Une société ne peut durer que si, sous une forme ou sous une autre elle crée de l'idéal, nécessaire pour stimuler et coordonner les efforts individuels. Que l'idéal collectif ait revêtu d'abord la forme religieuse, cela ne signifie nullement que, ce voile tombé, lui-même s'évanouisse. Les forces qui l'ont fait naître, et qui naissent elles-mêmes du rapprochement des consciences, continuent d'opérer. La nation moderne, elle aussi, se présente à l'amour de ses fils comme gardienne d'un monde de valeurs.

Dans ce monde, sans doute, les valeurs économiques occupent une place, et d'importance croissante. S'il n'est pas vrai que la nation ne soit rien, comme on l'a dit, qu'un système économique destiné à faire vivre une population sur un certain sol, il reste que la « mise en valeur » du sol natal est considérée comme un devoir. L'incorporation du travail des générations, producteur de richesses, dans la terre des ancêtres, est à coup sûr un des éléments du patriotisme. Le fait qu'il s'agit ici d'intérêts collectifs magnifie le labeur journalier, et l'élève au rang des plus hautes vertus. Mais l'horizon des valeurs est plus large. La nation ne borne pas son ambition à faire vivre matériellement, sur un territoire bien aménagé, une population croissante. Le genre de vie lui importe autant que la vie même, l'usage des richesses et des forces non moins que les forces et les richesses. Elle cherche son unité non pas seulement du côté de la matière, mais du côté de l'esprit. La langue, les lettres, les arts, une certaine façon de concevoir le monde – c'est-à-dire une certaine façon de hiérarchiser les valeurs – deviennent des marques caractéristiques de la nation. Elle met son orgueil à les sauvegarder. Elle entend, par la manière dont elle organise sa vie, faire vivre certaines idées qui deviennent pour elle des forces

Célestin Bouglé

directrices. Dans la guerre qui vient de déchirer l'Europe, des intérêts économiques étaient sans aucun doute engagés. Mais ce n'étaient pas le fer ou le charbon qui passaient au premier plan des consciences collectives. Chaque nation, pour exciter ses enfants au sacrifice suprême, leur rappelait avant tout sa culture à sauver, et les idées dont elle prétend être la gardienne.

Sa culture seulement ? Le plus souvent on allait plus loin. Chaque nation s'efforçait de démontrer à ses enfants qu'ils partaient pour défendre la civilisation même. Il y a là un tournant qui mérite qu'on s'y arrête. On peut remarquer sur cet exemple que les systèmes de valeurs dont les nations sont les gardiennes ont une tendance à déborder leurs frontières. Vainement nous est-il répété qu'un isolement farouche est la condition de la culture nationale, et que son mot d'ordre doit être : « rester soi-même. » Les interpénétrations sont de règle parce que l'expansion des valeurs est une des tendances de l'histoire. N'a-t-on pas été amené à observer dès les phases primitives que l'aire des civilisations déborde l'enceinte des tribus ? Des us et coutumes, des légendes, des rites deviennent propriété commune de plusieurs groupes. À plus forte raison s'il s'agit de groupes complexes, et unis entre eux par cent formes de commerces, comme sont les nations modernes : ne penser qu'à soi, ne penser que pour soi est désormais un idéal paradoxal, tant il est anachronique. La possibilité d'universaliser devient un des critères de la valeur. Mais cette ambition elle-même ne va pas sans susciter, dans le monde des valeurs, un certain nombre de transformations internes. Si vous voulez que la conception du monde impliquée par vos jugements de valeur ait quelque chance d'attirer les âmes des nations les plus diverses, ne faut-il pas qu'elle soit humaine, en effet, par ses tendances, bâtie sur l'esprit de fraternité et non plus sur l'orgueil, le mépris, l'intolérance, promettant enfin à tous le respect du droit et l'organisation de la justice ? Ainsi s'expliquerait, par le souci d'universalisation lui-même, le caractère rationnel que tendent à revêtir les systèmes de valeurs, et l'effort des cultures pour s'épanouir en civilisation.

Il est d'ailleurs naturel que cette tendance à universaliser s'accompagne d'une tendance à individualiser, et que la personne humaine devienne à son tour l'objet d'un culte. Lorsqu'on cherche à formuler un idéal attirant pour tous, on fait abstraction des différences globales – différences de nations, de races ou de classes – qui séparent les hommes : on ne retient que la qualité qui leur est commune et qui est de constituer une personnalité distincte. Fournir à chacune d'elles les moyens de se développer librement, devient un idéal social impératif.

La complication même de la civilisation n'inspire-t-elle pas l'idée, au surplus, que cette solution par la liberté est la solution la plus opportune ? Nous avons vu que la différenciation des valeurs s'accompagne normalement de la multiplication des groupements partiels, et que, placé au point d'entrecroisement d'un certain nombre de groupements, l'individu se sent par là incliné et préparé à l'autonomie. Il n'est plus encadré par la vie, toutes ses tendances canalisées comme par avance. Il peut chercher sa voie, se créer sa synthèse propre, retoucher à sa façon la table des valeurs. Et l'on s'aperçoit que pour l'entretien de la plupart d'entre elles ce libre développement des individus constitue une garantie précieuse.

Pour découvrir, ne faut-il pas que le savant sache penser par lui-même ? Quel meilleur artiste que l'artiste sincère, qui exprime son impression personnelle en face des choses ? Et l'industrie de son côté, que deviendrait-elle sans l'esprit d'initiative et d'invention ? Tous ces chemins conduisent au même rond-point. Ainsi arrive-t-il que l'autonomie de la personne se pose comme une valeur supérieure. Et l'on voit des nations invoquer, comme leur plus beau titre à l'amour de leurs fils, les services qu'elles ont rendus à la cause de l'égale liberté des hommes, les efforts qu'elles ont dépensés pour organiser la société comme si, par des contrats rationnels, ses membres avaient débattu, en effet, les conditions de leur collaboration.

Preuve que l'heure est venue où le groupe, ordonnateur de la vie morale, ne présente plus sa propre vie en soi, sa durée sous une forme quelconque, comme la fin suprême. Il se dépasse lui-même en s'enorgueillissant des valeurs humaines qu'il sert, et dont il n'est plus que le moyen.

*

**

Tactique singulièrement dangereuse, dira-t-on. Car la nation qui justifie ainsi le dévouement qu'elle réclame de ses enfants leur

Célestin Bouglé

fournit du coup le droit de la juger, et de mesurer leur dévouement à la fidélité dont elle fait preuve envers l'idéal qu'elle invoque. Faire redescendre la nation au rang de moyen, c'est l'assimiler à ces groupements partiels, unilatéraux et conventionnels, auxquels on ne participe que par un côté de sa personne, et que l'on quitte dès qu'ils ne paraissent plus répondre à l'objet pour lequel on leur avait donné son adhésion. C'est instaurer un patriotisme « conditionnel », gros de sécessions, briseur de la continuité comme de la solidarité nationales.

Le danger paraîtra moins grand peut-être si l'on envisage, après les dissociations, les conjonctions possibles de valeurs, et si l'on se souvient en particulier de ce que nous avons dit du « polytélisme » : un même moyen pouvant servir à plusieurs fins.

Déjà, lorsqu'il s'agit des sociétés partielles, le polytélisme trouve sa place et joue son rôle, un rôle de mainteneur et de réconciliateur. Les hommes constituent, disions-nous, des sociétés de plus en plus nombreuses en vue de fins déterminées : sociétés commerciales, groupements sportifs, ligues pour l'éducation populaire ou pour l'hygiène publique. Mais ces fins communes n'impliquent pas forcément l'identité totale des mobiles auxquels obéissent les associés. Cette fin commune peut être, par tels d'entre eux, considérée comme un moyen ; et comme le moyen de fins d'ailleurs différentes. On peut souhaiter un loisir prolongé, aux fins de semaine, pour que le travailleur refasse sa santé, pour qu'il élève son âme, pour qu'il jouisse de la vie familiale, pour qu'il participe à la vie civique. Parmi ceux qui collaborent aux campagnes en faveur de la « semaine anglaise », les uns peuvent porter leurs préférences sur telle de ces fins, les autres sur telle autre. Pratiquement, cela ne les empêche pas de collaborer. Et c'est la preuve que la collaboration n'exclut nullement les différences, même des différences d'idéal.

Il convient sans doute que ces différences n'aillent pas jusqu'à la contradiction : sinon le lien casserait, la collaboration deviendrait impossible, les sécessions se produiraient.

Mais, entre l'unanimité parfaite qui rend les sécessions inconcevables et la diversité exaspérée qui rend impossibles les collaborations, toute une série d'états s'échelonnent, une cohésion relative ne cesse pas d'y subsister ; la multiplicité des

Chapitre XIV

effets possibles y est d'un commun accord escomptée. Dans cette longue zone intermédiaire, le polytélisme accomplit son office. Il permet aux groupements d'être moins nombreux que les idées, puisqu'il permet aux individus qui s'inspirent d'idées divergentes de conjuguer leurs efforts. « Chacun son rêve. » Et pourtant les hommes qui mènent ces rêves personnels forment une caravane ; ils marchent du même pas, dans le même sens. Par dessus tant de principes de différenciation, ils demeurent unis.

Ne pourrait-on, par des remarques du même genre, expliquer comment, en dépit des différences que peuvent présenter les tables de valeurs adoptées par ses membres, persiste l'unité d'une nation ?

Ce qui est vrai, comme par accident, des sociétés partielles, est vrai à plus forte raison, et comme par essence d'une société « totale » complexe et englobante telle que l'est la nation : elle aussi, elle surtout est capable de servir des valeurs variées. Et s'il est dangereux de river en quelque sorte la patrie à un idéal spécial – celui d'un parti, ou d'une église, ou d'une classe – il n'est pas inutile de faire observer que la patrie demeure, en tout état de cause, le moyen commun de fins nombreuses, même assez divergentes.

L'organisation complexe de la nation offre à tous les rêves qui veulent se réaliser d'irremplaçables ressources. Que votre idéal suprême soit la mise en valeur des richesses du globe, la sauvegarde d'une certaine culture intellectuelle, le progrès vers l'égalité sociale, toujours vous aurez à vous appuyer sur le système historique à qui la nation sert de cadre. Libre à vous, sans doute, d'essayer d'incliner ce système dans un sens ou dans l'autre, et d'imprimer telle orientation à ses activités centrales. Sa permanence et sa puissance demeurent, pour vos efforts variés, la condition préalable du succès. Et ainsi ce n'est pas seulement en nous tournant vers le passé, mais en nous tournant vers l'avenir, que nous justifions la patrie. « Fidèle gardienne de nos souvenirs communs », ce n'est pas assez dire : elle est encore l'indispensable ouvrière de nos diverses espérances. La multiplicité des perspectives entrevues derrière elle lui est aussi une auréole.

L'expérience de la guerre n'a-t-elle pas amplement confirmé cette thèse ? Des Français de toutes les « familles spirituelles » sans rien abandonner de leurs croyances différentes, ne se sont-ils pas

Célestin Bouglé

montrés également ardents à défendre l'indépendance de la grande famille commune ? « Unité d'action, diversité d'explications », observait F. Buisson. Mais cette diversité dans l'unité n'est elle-même possible que si la nation est par excellence le moyen capable de servir à plusieurs fins : le polytélisme vient ici au secours du patriotisme.

*
**

Des considérations du même ordre éclaireront peut-être le débat depuis si longtemps ouvert sur l'enseignement laïque de la morale dans les écoles de la nation.

On explique et on justifie, d'ordinaire, le caractère de cet enseignement en faisant valoir l'antithèse entre morale théorique et morale pratique : celle-ci unissant autant que l'autre divise. Que l'éducateur se borne donc à enseigner les vertus communes, sans souci des théories : il jouera son rôle de mainteneur réconciliant.

Nos remarques sur les conjonctions de valeurs et le polytélisme nous permettent peut-être d'ajouter quelque chose à cette démonstration classique.

Le fait qu'elle allègue est indéniable. Des gens que leurs théories divisent se retrouvent d'accord dans la pratique de la vie. Croyants et incroyants, catholiques, protestants, libres-penseurs, blâment avec une même énergie le juge qui se laisse corrompre, le député qui trafique de son mandat, l'officier qui abuse de son pouvoir. Ils sont également empressés à inculquer à leurs enfants l'horreur des mœurs qui favorisent de pareilles vilenies. C'est dire que, séparés par leur métaphysique, ils défendent sur la terre un même système de valeurs. Longtemps tenues dans l'ombre, ces convergences ont été de nos jours mises en pleine lumière. Il n'est plus personne qui les conteste et qui ne pressente la fécondité des conséquences qu'on en peut tirer.

Mais encore en quel sens convient-il d'interpréter ces convergences mêmes ? Que signifient-elles au juste ? Elles se laissent présenter de plus d'une manière.

On dira par exemple : « Si ces hommes que leurs théories devaient diviser trouvent le moyen de s'entendre, c'est la preuve que leurs théories sont bien loin de régner sur leur âme tout entière. En dehors des principes qu'ils invoquent, dans une très large zone où ces principes ne font guère sentir leur influence, un certain nombre de fins pratiques s'imposent à eux. Ils veulent ensemble la prospérité du pays, la santé de la race, l'adoucissement des mœurs. Ces valeurs qu'ils estiment en commun, et que la communauté même de cette estime rehausse, passent au premier plan de leurs consciences rapprochées, et éclipsent le reste. Les principes rentrent dans l'ombre. On oublie ceux-ci, on en fait abstraction pour courir au plus pressé : pour collaborer avec les défenseurs du bien public qui viennent de tous les points de l'horizon moral. »

Au total, ce que prouverait le fait allégué, c'est le peu de poids des théories, et qu'elles sont bien loin – contrairement à l'apparence, ou du moins à l'idée que nous en donne une tradition classique, – de commander la vie morale. La direction comme l'impulsion lui viendraient d'ailleurs.

Accordons qu'il y a beaucoup de vérité dans cette thèse. Un autre fait n'en subsiste pas moins, qui est que nombre d'hommes continuent d'éprouver le besoin de justifier leur conduite, en coordonnant leurs idées autour de quelque principe. La réflexion qui s'applique aux vertus leur demande leurs titres, et en les justifiant les fait passer au rang de moyens. C'est la fonction des théories que de fixer ces fins supérieures auxquelles les fins pratiques elles-mêmes viendront se subordonner. Apparence si l'on veut : c'est du moins une apparence normale et qui joue son rôle dans l'organisation de la vie intérieure.

Mais alors, si cette méthode fait prime, si le souci des fins supérieures – utilité sociale ou perfectionnement individuel, respect des volontés divines ou accomplissement des vœux de la nature, – reprend la haute main dans les consciences, celles-ci ne vont-elles pas se trouver, à nouveau, irrémédiablement divisées ? Du moins les individus ne pourraient-ils former de groupes, pour l'action morale, qu'avec ceux qui partagent en tout et pour tout leur conception de la vie ?

Ici encore le polytélisme apporte son palliatif. Un même moyen sert à plusieurs fins. Une même valeur morale peut donc se trouver justifiée de points de vue théoriques différents. Probité, loyauté, fidélité à la parole donnée, respect de la vie et de la dignité

Célestin Bouglé

humaines, autant de vertus qui conservent leur prix au regard de Dieu comme à l'égard de ce bas monde. Le libre-penseur les prône autant que le croyant. La morale du perfectionnement individuel y trouve son compte en même temps que celle de l'intérêt social. Il ne serait donc pas besoin, à tout prendre, de dire à ceux qui se coalisent pour la défense d'une même valeur : «Faites abnégation, ou du moins faites abstraction de vos préférences finales. » Une autre attitude est possible, qui demande un moins grand sacrifice intellectuel et sentimental. « Quelles que soient vos préférences, il y a nombre de vertus qui leur donnent à toutes satisfaction. Il vous est permis, sans que chacun de vous oublie son idéal de derrière la tête, de faire valoir ensemble ce capital commun. »

Nombre de vertus, disons-nous. Non sans doute toutes les vertus. Il ne faut pas soutenir que de principes divergents se laisse déduire jusque dans le détail le même programme pratique. L'exagération serait manifeste, et appellerait des objections trop faciles. Il est vraisemblable par exemple que plus aisément qu'ailleurs, dans une morale suspendue à l'au-delà, les valeurs à base d'ascétisme trouveront leur justification. Une « libre philosophie » réservera une sympathie spéciale aux attitudes qui impliquent l'autonomie de la personnalité. Chacun de ces systèmes a parmi les vertus ses clientes préférées, les plus près de son cœur intellectuel, de son principe central. Ils ne dresseraient donc pas d'eux-mêmes une seule table des valeurs. Il n'en reste pas moins qu'en fait, sur les tables qu'ils dressent, beaucoup d'articles se retrouvent. C'en est assez pour que les adhérents de ces systèmes puissent demeurer des collaborateurs. Le polytélisme, sur ce terrain aussi, contrarie les forces centrifuges, et retient associées les diversités.

Ne pourrait-on dire qu'en ce sens il favorise l'action de l'éducateur laïque ?

La laïcisation de la morale n'est pas seulement, comme on l'indique le plus souvent, un cas particulier de la différenciation des valeurs. Nous avons eu plus d'une fois l'occasion de le rappeler nous-mêmes : si étroitement que paraissent originellement mêlées idées religieuses et pratiques morales, des dissociations s'opèrent, d'un mouvement qui s'accélère avec la complication de la civilisation. Le bien qu'elles font aux hommes, plus que le plaisir qu'elles font aux dieux, devient la fin des vertus. Des valeurs humaines de plus en

Chapitre XIV

plus nombreuses conquièrent ainsi leur autonomie. Il est naturel que dans un pays où la religion n'est plus le principe d'unité, on décide que l'enseignement national insistera sur ces valeurs-là.

Mais en même temps que ce mouvement de différenciation, l'enseignement moral à l'école nationale peut prétendre utiliser le mouvement en sens inverse que nous avons décrit : celui qui pousse à la conjonction des fins. Nombre de vertus, disions-nous, concentrent sur elles les suffrages d'esprits par ailleurs attachés à des principes très différents. L'école nationale donnera à ces esprits toute la satisfaction qu'ils peuvent légitimement réclamer, si elle cultive le champ où ils se rencontrent, à l'intersection de leurs systèmes.

Deux tendances donc, qui viennent de loin, tendance à la différenciation, tendance à la conjonction des valeurs – tendances contraires, en apparence seulement, et en réalité complémentaires – contribuent à expliquer l'orientation que nous nous efforçons actuellement d'imprimer, dans nos écoles, à la vie morale de la nation.

Notre maison d'école se trouve assise au confluent des deux fleuves, dont nous avons, à vol d'oiseau, repéré le cours.

ISBN : 978-1514250723

Célestin Bouglé